finding
nice
words!

気持ちを描く
ことば探し辞典

三省堂編修所 編

JN028845

三省堂

装丁・本文設計・イラスト
グリッド有限会社　八十島博明　石川幸彦

組版
株式会社ぷれす

構成・執筆
藤本なほ子

編集
三省堂編修所

校正
市原佳子　山本雅幸

編集協力
岡本有子　小川みなも　加地耕三　長坂亮子

前書き

「「楽しかったです」じゃだめなの？」
「この気持ちをどう言葉にしたらよいかわからない」
「自分の気持ちがわからないのに他人に伝えるだなんて」
　古今東西、老若男女、だれもが経験したことがあるのではないでしょうか。

　子どもから大人まで、思っていることを伝えたいとき、その手助けになるような「ことば探し」のための一冊があればと思い本書を企画いたしました。
　日常生活に必要な基本的な言葉から、ちょっと気のきいた表現まで、おおよそ 2,500 項目を収録しています。簡潔な説明を添え、使用例も示しました。巻末の索引を活用すれば、連想からさらに語彙を豊かに、感情のひだをこまやかにすることにもつながるでしょう。あるいは創作において、登場人物の心の葛藤を描き、人物の描写をより鮮明に、より深くするためにも資するはずです。
　本書があなたの相談役となり、言葉があなたの味方になりますように！

　伝えたいことがあるすべての人に——
さまざまな機会に皆さまのお役に立てば幸いです。

2022 年 10 月　三省堂編修所

気持ちを描く
ことば探し辞典

目 次

前書き 3

この辞典の使い方 8

ポジティブな気持ち

うれしい 14

楽しい 18

気持ちがいい 20

満足だ 22

幸せだ 24

安心だ 26

気楽だ・リラックスする 28

盛り上がる 30

自信がある 32

元気だ・無事だ 34

ネガティブな気持ち

悲しい 40

苦しい 44

腹が立つ 48

不満だ・不愉快だ 52

くやしい 54

後悔する ───────── 56

落ち込む・むなしい ───── 57

さびしい ───────── 60

傷つく・不幸せだ ─────── 62

疲れる ───────── 64

うぬぼれる ───────── 66

さまざまな気持ち

おどろく・あきれる ───── 70

恥ずかしい・照れる ───── 75

緊張する ───────── 80

がんばる ───────── 82

困る ───────── 86

しかたない ───────── 90

迷う ───────── 91

悩む ───────── 94

急ぐ・焦る ───────── 96

忙しい ───────── 99

ゆっくりやる ───────── 102

退屈だ・飽きる ───────── 103

人や物事にかかわる表現

好き ──────────── 106

愛する・恋する ──── 108

心引かれる・共感する ── 113

なつかしい ──────── 116

信用する・頼る ──── 118

認める・許す ────── 120

望む・願う ──────── 122

欲しい ──────────── 124

期待する ────────── 126

必要だ・不要だ ──── 127

大切だ ──────────── 128

誇らしい ────────── 130

感動する ────────── 132

夢中だ・没頭する ── 134

うらやましい ────── 136

怖い ──────────── 137

心配だ ──────────── 140

嫌い ──────────── 142

憎い ──────────── 144

うらむ ──────────── 145

感謝を伝える言葉 ── 146

謝罪を伝える言葉 ———————— 148

お祝いを伝える言葉 ———————— 149

人や物事のようす

すばらしい・すぐれている ———— 152

悪い・劣っている ———————— 156

上手だ ——————————————— 158

下手だ ——————————————— 160

かわいい —————————————— 162

美しい ——————————————— 165

みにくい —————————————— 168

かわいそう ———————————— 169

あやしい・不思議だ ——————— 170

うっとうしい・面倒だ ————— 172

おもしろい ———————————— 174

つまらない ———————————— 176

味わいを伝える言葉 ——————— 178

さくいん ——————————————— 180

🔍 この辞典の使い方

この辞典に収録した言葉

5カテゴリー／69テーマ／約2,500項目
内面からわきおこる感情や、人や物事に触れ生じる気持ち、人や
物事の様子を描く言葉など、感情に関する表現を取り上げました。

言葉の探し方

● 目次から探す

目次にはカテゴリーとテーマ名を示しました。

① あらわしたい気持ち・描きたい気持ちを目次で探す。
② 目次に書いてある数字のページを開く。
③ そのテーマ全体をながめて探す。

求める言葉がない場合は……
テーマタイトルの下に関連するテーマを → で示しているので、そのテーマも
ご覧ください。

● さくいんから探す

この辞典に掲載した言葉を五十音順に並べたさくいん（索引）を巻末（180ペー
ジ〜207ページ）に付しました。

① 思いついた言葉をさくいんで探す。
② さくいんに書いてある数字のページを開く。
③ 似た言葉や言い回しが出ているので、周辺の言葉をながめて探す。

なお、太字の数字は、その言葉をテーマとして取り上げているページを表してい
ます。

この辞典の見方

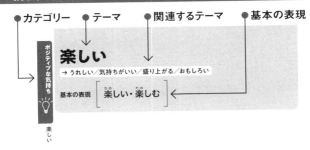

ポジティブな気持ち

● カテゴリー ● テーマ ● 関連するテーマ ● 基本の表現

楽しい

→ うれしい／気持ちがいい／盛り上がる／おもしろい

基本の表現 [楽しい・楽しむ]

楽しい

● 表現例…さまざまな表現や修飾する言葉がわかる

★安心する様子を描いて
- 学会での発表が終わって息をついた。
- 仕事がようやく一段落し、コーヒーをいれて一息ついた。
- 迷子になっていた子供が見つかって、胸をなで下ろした。

★どんな幸せ？
ありがたき　ささやかな　ちっぽけな　最高の　望外の　願ってもない　究極の　無上の　永遠の　つかの間の　人並みの　平凡な

> ★のところには、類似する表現例を豊富に示しました。
> 太字で示した箇所はテーマの言い換えにあたる部分です。
> また、どんな言葉と結びつきやすいかなども示しました。

● 配列…似た表現が近くに並ぶ

「喜ぶ」のいろいろ

歓喜（かんき）　とても喜ぶこと。あふれるうれしさを外に表して喜ぶ様子。
「勝利に一する／一の声を上げる／一に輝く顔」

驚喜（きょうき）　思いがけない出来事に出あって喜ぶこと。

> 類義語のなかでも、それぞれ近い意味のものをまとめて示しました。
> 似た言葉を探しやすいよう、グレー地にタイトルを示したところもあります。

● 表記…よく使われる表記を見出しに

うららか 【麗らか】① 空が晴れ、太陽がのどかに照っている様子。

見出しはよく使われる表記を示しました。かな書きが多く漢字表記も見られるものは【 】内に参考表記を示しています。

● 解説…語義は簡潔に、補足情報は丁寧に

楽しい（たの） 心が弾むような明るい気持ちだ。
「—(日々・夏休み・思い出)／**楽しく**(過ごす・遊ぶ・語り合う)」
＊「たのしい」は一般的に「楽しい」と書く。心にわだかまりがなく、ゆったりたのしむニュアンスで**愉しい**と書くこともある。

語義はわかりやすい言葉で簡潔に示しています。
その言葉の表記や意味のニュアンスなど補足的な情報を＊で示しました。

◆「のうのう」も「ぬくぬく」も心配事や苦労がなくのんびりしている様子。ネガティブなニュアンスで用いることもある。

いくつかの言葉に関する微妙な違いは、囲んで示し、◆を付しました。

● 用例…使い方がわかる例を豊富に

嬉しい（うれ） いいことが起こったり望みどおりになったりして、満足でいい気持ちだ。
「再会できて—／—(出来事・ニュース・便り・知らせ)／**嬉しくて**(たまらない・心が弾む)」

用例を豊富に示しました。
—は見出し部分を表します。
ここではこれだけの例をあげています。
「再会できて嬉しい」「嬉しい出来事」「嬉しいニュース」「嬉しい便り」「嬉しい知らせ」「嬉しくてたまらない」「嬉しくて心が弾む」
活用する場合は太字で示しました。

● その他の表現…さらに語彙を豊かに

> その他の表現
> ハッピー・ラッキー・ついてる・棚から牡丹餅(ぼたもち)・運が開ける・運が向く・拾い物・儲(もう)け物

◀ その他にもあるさまざまな表現を末尾に添えました。

参考情報

辞典は言葉をたくさん掲載していますが、どんな言葉を使うのが適切かという解答を示すものではありません。
言葉遣いに迷うときなどに参考になるものをここに挙げます。インターネット検索等でご確認ください。

● 「分かり合うための言語コミュニケーション」文化審議会国語分科会報告（平成30年3月2日）
　言語コミュニケーションにおいて意識すべき大切な要素として、「正確さ」「分かりやすさ」「ふさわしさ」「敬意と親しさ」の四つを掲げています。

● 各種コーパス類
　公開されているコーパス（言語資料。ことばのデータベース）には、コロケーション（語と語の慣習的なつながり）を検索できるものもあります。

ポジティブな
気持ち

うれしい

→ 満足だ／楽しい／幸せだ

基本の表現　うれしい・喜ぶ

★うれしさ・喜びを伝える基本表現

- (とても・本当に・心から・心底・すこぶる)うれしい。
- うれしく思います／うれしゅう存じます／うれしい限りです。
- 喜ばしく(思います・存じます)／(とても・本当に・心から)喜んでおります／喜びにたえません。

★どんなふうにうれしい?

- (ことさら・ことのほか・何より・ひどく・たまらなく)うれしい。
- 合格できて**飛び上がるほど**うれしい。
- 姉が素敵なプレゼントをくれて、うれしくて**飛びつきたいほど**だった。
- ようやく退院でき、うれしくてたまりません。
- 売り上げが倍増し、**笑いが止まらない**。
- 思いやりのあふれる言葉に、うれしくて**目頭が熱くなった**〔＝涙がこぼれそうになった〕。

★どんなふうに喜ぶ?

- 妹が文学賞を受賞したとの知らせに、みな**飛び上がって**喜んだ。
  ＊躍り上がって喜ぶともいう。

- 大好きな叔母が帰ってくると聞き、**小躍りして**喜ぶ。
- 大きなケーキが運ばれてきて、みな**手を叩いて**喜んだ。
- 賞状を授与され、**涙を浮かべて**喜ぶ。
- 決勝進出が決まり、部員一同**手をとりあって**喜んだ。
- 町内会で会長を言い負かして、**鬼の首を取ったように**喜んでいる。
- 受賞の知らせに、**手の舞い足の踏む所を知らず**喜ぶ。
  ＊舞い上がって踊り出すほど喜んでいる様子をいう。

★うれしさや喜びの表情

(顔・目)を輝かせる　目を細くする　目尻を下げる　相好を崩す〔＝顔をほころばせて笑う〕　満面の笑みを浮かべる　顔をくしゃくしゃにする

★「喜び」につながる言葉

- (大きな・最高の・至上の・たとえようのない・望外の・何物にも代え難い・晴れやかな・ささやかな・ひそかな・確かな)喜び
- 喜びが(湧き上がる・こみ上げる・あふれる・にじむ)

- 喜びを(噛み締める・味わう・共にする・分かち合う・語る・隠せない・抑えられない・あらわにする)

★オノマトペで
- 浮う゚き浮う゚きして会場に向かう。
- いそいそと外出の支度をする。
- お小遣いをたくさんもらってほくほくする。

嬉しい（うれ） いいことが起こったり望みどおりになったりして、満足でいい気持ちだ。
「再会できて─／─(出来事・ニュース・便り・知らせ)／嬉しくて(たまらない・心が弾む)」

喜ぶ（よろこ） いい出来事があり、うれしいと思う。
「無事を─／喜んで(引き受ける・参加する・従う)」
＊「よろこぶ」は一般的に「喜ぶ」と書く。お祝い文などではお慶び申し上げますなどとも書く。ほか、歓ぶ・悦ぶ・欣ぶと書くこともある。

喜ばしい（よろこ） よろこぶべきことだ。
「成功したとは─／─(出来事・知らせ・傾向)／(誠に・なんとも)─」

有り難い（あ）（がた） うれしく、感謝したい気持ちだ。
「(親切が・心遣いが・優しい言葉が・雨が上がって)─／─言葉に心が温かくなる／有り難くいただきます」

浮かれる（う） うれしさや楽しさに、じっとしていられない気持ちになる。
「やっと合格し、浮かれている／浮かれて騒ぐ」

舞い上がる（ま）（あ） うれしくて平静さを失う。
「ベタぼめされて─／すっかり舞い上がってしまい、うまく話せなかった」

喜び勇む（よろこ）（いさ） うれしくて心が奮い立つ。
「またとない誘いの手紙に、喜び勇んで返事を書く」

有頂天（う）（ちょうてん） この上なく喜ぶ様子だ。
「代表選手に選ばれて─になる」

天にも昇る心地（てん）（のぼ）（ここ）（ち） この上なくうれしい気持ちのたとえ。
「とうとう憧れの人に会えて、─だ」
＊天にも上る心地ともいう。

欣喜雀躍（きん）（き）（じゃく）（やく） 小躍りして喜ぶこと。
「願いが叶って─する」
＊スズメが躍るように喜ぶ意。

盆と正月が一緒に来たよう（ぼん）（しょう）（がつ）（いっ）（しょ）（き） うれしい出来事が重なることのたとえ。
「留学が決まった上に論文が入賞し、─だ」

干天の慈雨（かん）（てん）（じ）（う） (日照りが続いているときに降る雨のように)苦しいときに助けられてとてもうれしいことのたとえ。

地獄で仏（じ）（ごく）（ほとけ） (地獄で苦しんでいるときに仏に出会うように)困っているときに助けられて、と

15

てもうれしいことのたとえ。
「道に迷っているときに知人に出会い、一の気持ちになった」

闇夜の提灯（やみよのちょうちん）（暗闇で明るい提灯に出会うように）困っているときに助けになるものに出会うことのたとえ。

お祭り気分（おまつりきぶん）（お祭りのときのように）気持ちが高ぶること。
「町中が一に包まれる」

嬉々として（きき）喜びうれしがって。
「子供たちは一贈り物を受け取った」

欣然（きんぜん）物事を喜んでおこなう様子。
「地道な仕事を一として進める」

欣々（きんきん）にこにこして非常に喜ぶ様子。
「一として任地に赴く」
＊欣々としたさまを**欣々然**ともいう。

歓呼（かんこ）喜んで声を上げること。
「一の声／来日したスターを一して迎える」

歓声（かんせい）喜びのあまり上がる声。
「一を上げる／客席に一が上がる」

快哉を叫ぶ（かいさい）痛快な出来事などを喜び、思わず声を上げる。
「勝訴のニュースに一」

嬉し涙（うれしなみだ）うれしくて流す涙。
「再会に一を浮かべる」

感涙にむせぶ（かんるい）うれしさや感激、感謝を深く心に感じ入って涙を流す。
「友の深い思いやりに、一」

相好を崩す（そうごうをくずす）（「相好」は表情の意）うれしくて思わずにっこりする。
「初孫誕生の知らせに祖父は**相好を崩した**」

嬉しい悲鳴（うれしいひめい）悲鳴を上げるほどうれしいこと。うれしいことがあって喜ばしいが、それによって忙しくなるなど困った状態になること。
「SNSで紹介されたとたん、注文が殺到し生産が追いつかず、一を上げている」

「喜ぶ」のいろいろ

歓喜（かんき）とても喜ぶこと。あふれるうれしさを外に表して喜ぶ様子。
「勝利に一する／一の声を上げる／一に輝く顔」

驚喜（きょうき）思いがけない出来事に出あって喜ぶこと。
「20年振りの再結成に一する」

狂喜（きょうき）尋常でないほどひどく喜ぶこと。
「合格の知らせに一する／一乱舞」

満悦（まんえつ）満足して喜ぶこと。
「すべてうまくいってご一だ」

喜悦（きえつ）心から喜ぶこと。
「目に一の色を浮かべる／一満面」

法悦（ほうえつ）①仏法を知り味わうことの喜び。[仏教語]
「一を得る」
②うっとりするような喜び。
「一に浸る」

愉悦（ゆえつ） 心から楽しみ喜ぶこと。「―をもたらす／―に浸る／―のひととき／無上の―」

随喜（ずいき） ①他人の善い行いに接し、喜びを感じること。〔仏教語〕
②ありがたく思い、とても喜ぶこと。「―の涙を流す」

糠喜び（ぬかよろこび） 後で当てが外れてがっかりすることになることを、そうとは知らずに喜ぶこと。「今度こそデートできると思ったのに、―だった」
＊空喜びともいう。

一喜一憂（いっきいちゆう） 状況の変化につれて、喜んだり悲しんだりすること。「試合の進行に―する」

心中で喜ぶ

気をよくする（きをよくする） 物事がうまくいくなどして、いい気持になる。「おだてられて―」

悦に入る（えつにいる） 物事がうまくいって満足し、心の中で喜ぶ。「手に入れた品物をながめて―」

満更でもない（まんざらでもない） それほど嫌ではない。「指名されて、―顔をしている」
＊「実はかなりうれしい」というニュアンスを含むことがある。

悪い気はしない（わるいきはしない） 嫌ではない。満更でもない。「誰でもほめられれば―」

冥利に尽きる（みょうりにつきる） その立場にある者として、この上ない喜びだと思う。「大喝采を浴び、役者―」

恐悦至極（きょうえつしごく） 相手の好意などをありがたく思い、この上なく喜ぶ様子。「―に存じます」
＊恭悦至極とも書く。目上の人への感謝の手紙などに用いる。

ガッツポーズ・ピース・ハイタッチ・うはうは

17

楽しい

→ うれしい／気持ちがいい／盛り上がる／おもしろい

基本の表現 　楽しい・楽しむ

楽しい 心が弾むような明るい気持ちだ。
「一(日々・夏休み・思い出)／楽しく(過ごす・遊ぶ・語り合う)」
＊「たのしい」は一般的に「楽しい」と書く。心にわだかまりがなく、ゆったりたのしむニュアンスで愉しいと書くこともある。

心楽しい なごやかで楽しい気持ちだ。
「水辺で一時を過ごした」

愉快 楽しくて心が浮き立つ様子。笑い出したくなるような気持ちである様子。
「毎日一に暮らす／一な(一日・話・旅)」

おもしろい 【面白い】心に楽しく感じられる様子。
「旅先でおもしろく過ごした／一ほど(釣れる・仕事がはかどる)」

わくわくする 期待や喜びで心が弾む。
「話の続きが楽しみで一」

「楽しむ」のいろいろ

楽しむ 何かをするなどして、楽しいと感じる。
「(休日・余生・会話・景色)を一／山を歩いて一」

慰める 心を楽しませる。悲しみや寂しさなどを一時まぎらわす。
「音楽を聞いて傷ついた心を一／友人の冗談に心が慰められる」

享受 物事の恩恵を受け、味わい楽しむこと。
「(文学の楽しみ・物質文化・自由)を一する」

享楽 快楽を味わい楽しむこと。
「一に(ふける・溺れる・浸る)／(人生・自由)を一する／一的風潮／束の間の一」

満喫 思う存分楽しむこと。
「(自由・春・テニス・たまの休日・大自然)を一する」

興じる 楽しんで、愉快な時を過ごす。
「(囲碁・ゲーム・おしゃべり・昔話)に一」
＊興ずるともいう。

興に乗る 何かをしておもしろいと思い、ますますおこなう。
「興に乗り、声を張り上げて歌う」
＊興に乗じる(乗ずる)ともいう。

興に入る
きょう・い

興味を感じ、おもしろがる。

「愉快な音楽に**興**に入って踊り出した」

謳歌
おう・か

恵まれた境遇などを大いに楽しむこと。

「(青春・学生生活・一人暮らし・平和・我が世の春)を**一**する」

堪能
たん・のう

物事をじゅうぶんに味わって楽しみ、満足すること。

「(手料理・冬の味覚・紅葉・プロの技)を**一**する」

＊「足りぬ〔＝じゅうぶんに満足する〕」の変化した言葉で、「堪能」は当て字。「堪能かん〔＝技芸などにすぐれていること〕」との混同が生じた。

歓を尽くす
かん・つ

じゅうぶんに楽しむ。

「旧友と一夜の**一**」

「楽しみ」のいろいろ

楽しみ
たの

楽しいと感じること。また、そのような物事。

「音楽の**一**／読書を**一**に生活する／何の**一**もない／**一**を見いだす／成長が**一**だ」

気晴らし
き・ば

何かをして楽しみ、ふさいでいる気持ちなどを晴らすこと。気散じ。

「**一**に散歩する／いい**一**になる／たまには**一**も必要だ」

愉楽
ゆ・らく

喜び楽しむこと。

「**一**に(ふける・身を委ねる・生きる)／(最上・天上)の**一**」

悦楽
えつ・らく

喜びを味わい楽しむこと。

「**一**に(浸る・酔う)／至上の**一**

／深い**一**」

快楽
かい・らく

心地よく楽しいこと。

「食の**一**／**一**を(味わう・むさぼる・求める・追求する)」

＊特に官能的な満足をいう。

娯楽
ご・らく

余暇におこなう遊びや楽しみ。

「**一**(室・施設・小説・映画・番組)／テレビが唯一の**一**だ」

逸楽
いつ・らく

気ままに遊び楽しむこと。

「仕事もせず**一**にふける」

歓楽
かん・らく

喜び楽しむこと。喜びや楽しみ。

「**一**街／**一**に酔う／**一**を尽くす」

興
きょう

心に感じる楽しさやおもしろみ。

「**一**を(覚える・そそる・引く・添える)／**一**が(湧く・尽きない)」

一興
いっ・きょう

ちょっとした楽しみやおもしろみ。

「夜中の散歩も**一**だ」

感興
かん・きょう

おもしろいと思い、興味が湧くこと。

「美しい風景に**一**を催す／**一**を(そられる・覚える・かき立てる・誘う)」

その他の表現

エンジョイ

気持ちがいい

→ 楽しい／満足だ／安心だ／気楽だ・リラックスする

基本の表現 「 気持ちがいい・爽やかだ・
すっきりする・晴れやかだ 」

心地よい

気持ちがいい【気持ちが良い】体や心に
受ける感じがいい。気持ちいい。
「―(風・朝・笑顔・挨拶・青年)／早朝の
散歩は実に―」

心地よい【心地好い・心地良い】
気持ちよく感じられる。
「―(風・眠り・音楽・感触・距離感)」
＊穏やかさや爽やかさのニュアンス
を含むことが多い。

快い
①気持ちよく感じられる。
「―(冷気・刺激・眠り・音楽・緊
張)／汗ばんだ肌に夜風が―」
②不愉快に思わない。好ましく思う。
「―返事／依頼を快く引き受ける」

快適 体や心の状態によく合って気
持ちがいい様子。
「―な(ホテル・旅・乗り心地・室温)」

快感 気持ちがいい感じ。
「―を(覚える・味わう・得る・与
える)／(強烈な・穏やかな・言いよう
のない・勝利の)―」

楽 体や心がゆったりして、くつろげる
様子。
「―な(姿勢・服装)／マッサージをし
てもらうとずいぶん―になる」

極楽 心配や苦しみが何もなく、こ
の上なく楽な状態。[仏教語]
「この世の―を味わう／―、―〔風呂
に入った時などに漏らす言葉〕」

たまらない【堪らない】この上
なくいい。
「マラソンの後の一風呂は―」
＊堪えられないともいう。

恍惚 心を奪われうっとりする様子。
「―として(見入る・聞きほれる)
／―の境地」

爽やかだ・すっきりする

爽やか さっぱりしていて気持ちが
いい様子。風や空気がほ
どよく冷たくて心地よい様子。
「―な(風・初夏の日・酸味・香り・笑顔・
人柄)」

すがすがしい【清々しい】爽
やかで気持ち
がいい。
「―(高原の朝・空気・空・香り・笑顔)」

爽快 爽やかで気持ちがいい様子。
「気分―／―な(目覚め・気持ち・
潮風・ドライブ・飲み心地)」

壮快 体が元気で、気力がみなぎり
気持ちがいい様子。

「気分一／一な(感覚・歩行・山登り)／海沿いの道を一に走る」

すっきり 不快なことやわだかまりがなく、気持ちがいい様子。余計なものがない様子。

「(気分・頭)が一する／一した目覚め／今一つ一しない／不要な物を処分し、部屋を一した」

さっぱり 余計なものや汚れ、わだかまりなどがなくなり、気持ちがいい様子。すっきり。

「(髪を切って・一風呂浴びて・恋人と別れて)一した」

すかっと 余計なものがなく、気持ちがいい様子。また、心が晴れて爽やかになる様子。

「一晴れた空／胸が一するような勝ちっぷりだった」

すっと わだかまりや不快さが消え、気持ちがよくなる様子。

「(気持ち・胸)が一する／言うだけ言ってやって一した」

せいせい 【清々・晴々】鬱屈した思いやわだかまりが消え、気持ちがすっきりとする様子。

「ようやく仕事が終わって一とした」

気が晴れる 憂鬱な気持ちがなくなり、すっきりする。

「散歩をすると一／言いたいことを全部言って気が晴れた」

吹っ切れる 心の迷いやわだかまりがなくなり、さっぱりする。

「(悩み・迷い)が一」

溜飲が下がる 不満や恨みなどがなくなり、気が晴れる。

「きみが部長を言い負かしてくれて溜飲が下がったよ」

＊溜飲が下りるともいう。

胸が空く すっとして心が晴れる。溜飲が下がる。

「一ようなホームラン」

痛快 胸がすっとするようで、とても気持ちがいい様子。

「一な(気分・事件・物語)」

晴れやかだ

晴れやか 心に心配事などがなく、明るくすっきりしている様子。

「一な(気持ち・声・歌声・表情)／一に(笑う・語る・さえずる)」

晴れ晴れ 心に不安やわだかまりがなくなり、明るくすっきりした様子。

「一(と)した(気分・心持ち・表情・笑顔)／(気持ち・心)が一(と)する」

うららか 【麗らか】①空が晴れ、太陽がのどかに照っている様子。

「一な(陽気・春の日・空)」

②気持ちや声などが、晴れ晴れとして明るい様子。

「一な(鳥の声・気分)」

その他の表現

リフレッシュ・クール

満足だ

→ うれしい／楽しい／安心だ／気楽だ・リラックスする

基本の表現 ［ 満足だ・満ち足りている ］

満足だ

満足（まんぞく） 望みどおりになっていて、不足や不満がない様子。
「―顔／―感を得る／―がいく／―のため息／(じゅうぶん・大いに・すこぶる・この上なく)―する」

満ち足りる（みちたりる） 満足する。充足する。
「(気持ちが・心が・物心共に)―／満ち足りた(生活・眠り・表情・笑み)」

充足（じゅうそく） 必要や欲求がじゅうぶんに満たされる様子。
「―感／(精神・心・ニーズ)の―／欲求が―される」

満悦（まんえつ） 満足して喜ぶ様子。
「―至極／至極ご―の体／思い通りに事が進み、社長もご―だ」

悦に入る（えつにいる） 物事がうまくいって、満足して喜ぶ。
「狙いが当たって―／悦に入った表情」

飽きる（あきる） じゅうぶんに満足し、それ以上欲しくなくなる。
「―ほど食べた／―ことなく見ている」

飽き足りる（あきたりる） じゅうぶんに満足する。
「飽き足りない気持ち／平凡な暮らしに飽き足りなくなる」

堪能（たんのう） じゅうぶんに楽しみ、満足すること。
「(料理・芝居)を―する」

会心（かいしん） 出来栄えや物事の運びにじゅうぶん満足すること。
「―の作／―の笑みを浮かべる」

気が済む（きがすむ） 満足して、気持ちが落ち着く。
「―まで遊ぶ／隅々まで調べて気が済んだ／何でも自分でしないと気が済まない」

意に適う（いにかなう） 気持ちや願いにぴったり合う。気に入る。
「―(人材・相手・就職先)を見つける」
＊意に添うともいう。

申し分ない（もうしぶんない） 不満に思う点がまったくない。
「―(成果・出来栄え・相手)」
＊申し分がないともいう。

本望（ほんもう） 前々からの望み。また、その望みが達せられて満足なこと。
「―を遂げる／そうできるのなら―だ」

御の字（おんのじ） じゅうぶんに満足でき、ありがたいこと。
「1万円で済むのなら―だ」

心行くまで（こころゆくまで） じゅうぶんに満足し、思い残すとこ

ろがなくなるまで。気が済むまで。

「一（遊ぶ・話す・飲み食いする・名画を味わう）」

遺憾なく

じゅうぶんに。申し分なく。

「（実力・才能・芸）を一発揮する」

＊「遺憾」は期待するようにならず心残りであること。

上機嫌

満足するなどして、とても機嫌がいい様子。

「発表がうまくいって一だ」

ご機嫌

上機嫌な様子。

「業績がよく、社長も一だ」

自足

自分の状況やおこないに自分で満足すること。

「（つましい暮らし・作品の出来）に一する」

自己満足

他からの評価に関係なく、自分自身や自分の行為にひとりで満足すること。

「一に陥る」

＊否定的なニュアンスで用いられることが多い。

やや不満があっても満足する

良しとする

じゅうぶんに満足ではないが、良いことにする。

「ここまでできたのだから、良しとしよう」

足れりとする

じゅうぶんだ、満足だということにする。

「希望よりやや少ないが、これで足れりとしよう」

安んじる

その状態で満足して、それ以上を求めない。

「（現状・清貧）に一／小成〔＝わずかな成功〕に一／安んじて暮らす」

＊安んずるともいう。

甘んじる

不満があっても、与えられたものを受け入れ、良しとする。

「（薄給・低い地位・次点）に一／（運命・非難・嘲笑）を甘んじて受ける」

＊甘んずるともいう。

以て瞑すべし

それで満足すべきである。

「決勝戦まで来れたのだから、一だ」

＊「瞑する」は目を閉じる・安らかに死ぬ意。

その他の表現

知足・足るを知る

幸せだ

→ うれしい／気持ちがいい／満足だ／傷つく・不幸せだ

基本の表現 [幸せだ・幸運だ]

★どのくらい幸せ？

最高に 世界一 この上なく とて
つもなく 怖いほど

★どんな幸せ？

ありがたき ささやかな ちっぽけ
な 最高の 望外の 願ってもない
究極の 無上の 永遠の つかの間
の 人並みの 平凡な

★「○○幸い」のいろいろ

もっけの幸い 不幸中の幸い こぼ
れ幸い〔＝思いがけなく転がり込んだ幸運〕
紛れ幸い・まぐれ幸い〔＝思いがけない、
何かの間違いのような幸運〕

幸せ 不満や心配などがなく、満ち
足りている様子。良い運に恵
まれている様子。
「―な(暮らし・日々・少年時代)／―を
(つかむ・噛み締める・味わう・探す・
願う・守る・運ぶ)」
＊仕合わせとも書く。

幸い その人にとって望ましく、満ち
足りて感じられること。運が良
いこと。
「不幸中の―／―なことに皆無事だっ

た／お越しいただければ―です」

幸福 不自由や苦しみ、不満などが
なく、満ち足りている様子。
「―な(暮らし・生涯・家庭・時代)／―
の絶頂／―を(追求する・つかむ・味わ
う)」

幸福感 幸福だと感じる気持ち。
「―に(包まれる・浸る・酔う・
酔いしれる)」

至福 この上ない幸せ。
「―の(時・境地)／―の一日を
過ごした」

幸甚 何よりの幸せ。非常にありがた
いこと。
「―の至り／ご出席いただければ―に
存じます」
＊多く手紙文で用いる。

極楽 心配や苦しみが何もない、安
楽な境遇。[仏教語]
「こんなにのんびり暮らせるとは―だ」

冥利 その立場にあることによって受
ける恩恵や幸せ。[仏教語]
「役者―」
＊もとは、仏や菩薩が知らず知ら
ずのうちに与える恩恵の意。

冥利に尽きる その立場にあ
る者として、

この上ない喜びだと思う。

「教え子が立派な業績を収め、教師
一よ」

冥加（みょうが）　神仏の加護。また、不思議な
幸運に恵まれること。[仏教語]

「命一〔=神仏の守りによって命拾いするこ
と〕」

冥加に余る（みょうがにあまる）　冥加を過分に受
けてありがたい。

もったいないほどありがたい。

「一もてなしを受けた」

冥加に尽きる（みょうがにつきる）　①冥加に余る。「過分なお褒
めの言葉をいただき一」

②神仏から見放される。

運が良くて幸せだ

幸運（こううん）　運のめぐり合わせが良いこと。

「一が（訪れる・やって来る・舞い込む・
転がり込む・巡る・重なる）／一に（恵
まれる・出あう・感謝する）／一を（祈
る・つかむ・拾う・逃す）」

＊**好運**とも書く。

強運（きょううん）　運が強いこと。強い運勢。
「一の（人・持ち主）／一に恵ま
れる」

果報（かほう）　良い運を授かっていること。幸せ。[仏教語]

「一な（身分・娘）／こんなにいい友人
を持って、私はなんという一者〔=幸
せ者〕だろう」

＊もとは、前世のおこないに応じて
現世で受ける報いの意。

僥倖（ぎょうこう）　思いがけない好運。たまたま
訪れた幸せ。

「一に（恵まれる・出あう）／彼女が居
合わせたのは一だった」

幸先がいい（さいさきがいい）　物事を始める時の、
これからどうなる
かの前兆。

「初日から大入りとは一」

有卦に入る（うけにいる）　運の巡りがよくな
り、良い出来事が
続く。

「今年は商売が**有卦に入っている**」

＊「有卦」は陰陽道での吉運の年回り
で、良いことが7年続くとされる。
「入る」は「はいる」とは読まない。

星回りがいい（ほしまわりがいい）　運命を左右す
る星のめぐり
合わせが良い。

「一人」

物怪の幸い（もっけのさいわい）　思いがけない幸
せ。たまたま得た
幸運。

「来客を一と会議を抜け出す」

その他の表現

ハッピー・ラッキー・ついてる・
棚から牡丹餅（ぼたもち）・運が開ける・
運が向く・拾い物・儲け物（もうけもの）

25

安心だ

→ 元気だ・無事だ／気楽だ・リラックスする／信用する・頼る

基本の表現 [安心だ・心強い]

★安心する様子を描いて
- 学会での発表が終わって**息をついた**。
- 仕事がようやく一段落し、コーヒーをいれて**一息ついた**。
- 迷子になっていた子供が見つかって、**胸をなで下ろした**。
- すべてを正直に打ち明けて、**胸のつかえが下りた**。
  *「つかえ」は胸がふさがって苦しいこと。

★オノマトペで
- 落とした財布が見つかって**ほっとした**。
- **やれやれ**、これで一件落着だ。
- 退職後は田舎での**のうのう**と暮らしている。
- 裕福な家に生まれ、**ぬくぬく**と育った。

◆「のうのう」も「ぬくぬく」も心配事や苦労がなくのんびりしている様子。ネガティブなニュアンスで用いることもある。

安心 心配や不安がなくなり、心が落ち着くこと。
「―感／―した(面持ち・表情)／(ようやく・ひとまず・まずは・すっかり・幾分か)―した／これで―して眠れる」

一安心 ひとまず安心すること。
「ここまで来れば―だ」

安堵 気がかりなことや不安がなくなり、落ち着くこと。
「深く―する／―を覚える／―が(胸・心・全身)に広がる／―が(声ににじむ・目に宿る)」

休心 心を休めること。安心すること。
「すべて無事ですから、どうか―ください」
*休神とも書く。多く、手紙文で用いる。

落ち着く 心の動揺などがおさまり、安定する。
「(気持ち・心・気分・気)が―」

安らか 心配や悩み、不安などがなく、安心しておだやかな様子。
「―な(寝顔・眠り・表情・ほほ笑み)／子供が―に寝息を立てている／心を―にする」

26

安んじる

安らかになる。安心する。

「安んじて暮らす／経営が本当に安定するまで、まだまだ一ことはできない」

＊安んずるともいう。

気が休まる

気持ちが安らかになる。

「鳥の声を聞くと一／友人の言葉に気が休まった」

人心地がつく

ひどい状態や恐怖、緊張などから解放され、ほっとする。

「帰宅して風呂で温まり、ようやく人心地がついた」

＊「人心地」は生きている感じの意。

肩の荷が下りる

責任や負担から解放され、気持ちが楽になる。

「借金の返済が終わり、やっと肩の荷が下りた」

枕を高くする

安心して眠る。また、安心する。枕を高くして寝る。

「警備システムが復旧し、ようやく一ことができる」

眉を開く

心配事や愁いがなくなり、明るい顔になる。安心する。

「戦乱が終結し、王女はようやく眉を開いた」

＊しかめていた眉を開く意。愁眉を開く・眉を伸べる(伸ばす)などともいう。

心強い

頼りになる人がいたり物があったりして、安心できる。気強い。

「一(味方・仲間・パートナー・存在・言葉・返事)／きみが来てくれれば何よりも一」

気強い

頼りになる人がいたり物があったりして、安心できる。心強い。

「先輩が同行してくれて気強かった」

＊「気持ちがしっかりしている」の意もある。

頼もしい

頼りになりそうで安心できる。

「一(人物・言葉・笑顔・仕事ぶり)／彼女が参加してくれるとは、誠に一限りだ」

心丈夫

頼りになる人がいたり物があったりして、安心できる様子。気丈夫。

「彼が帰社したと聞き、一に思う／きみが来てくれれば一だ」

気丈夫

頼りになる人がいたり物があったりして、安心できる様子。心丈夫。

「これだけ装備がしっかりしていれば一だ」

＊「気持ちがしっかりしている人」の意もある。

大船に乗る

信頼できるものを得て、安心できる状態になる。

「あとは私が引き受けるから、大船に乗ったつもりでお待ちください」

気楽だ・リラックスする

→ 安心だ／満足だ／幸せだ

基本の表現 ［ 気楽だ・リラックスする ］

気楽（きらく）
心配事や緊張がなく、気持ちが楽な様子。
「一な（毎日・旅・店）／一に（暮らす・遊ぶ・話しかける）／彼には一にものが言える」

リラックスする
体や心の緊張がほぐれ、ゆったりする。くつろぐ。
「居間で一／リラックスして面接に臨む」

気を緩める（きをゆるめる）
気持ちの張りをほどく。
「試験が終わり、気を緩めた」

ほどける
【解ける】気持ちがやわらぐ。打ち解ける。
「（緊張・気持ち・心・感情・表情）が一」

くつろぐ
仕事や心配事などを忘れ、心身をゆったりさせる。緊張をほどいて気兼ねなくふるまう。
「（ゆっくり・ゆったり・心から・大いに・ひとしきり）一／くつろいだ（表情・姿勢・格好・会話・雰囲気）」

憩う（いこう）
心身を休め、ゆったりと自由に過ごす。休息する。
「水辺に一／公園で一人々／郊外の湖で憩いのひと時を過ごした」

膝を崩す（ひざをくずす）
正座などのきちんとした姿勢をやめて、楽な姿勢で座る。
「どうぞ膝を崩しておくつろぎください」

袴を脱ぐ（かみしもをぬぐ）
堅苦しいことをやめて、くつろいだ態度をとる。打ち解ける。
「ここはひとつ、袴を脱いで本音でいきましょう」

気が置けない（きがおけない）
気をつかったり遠慮や緊張をしたりすることなく、気楽につきあえる。
「一（友人・仲間・間柄）」
＊気の置けないの形でも用いる。「気が置ける」は「気が（自然と）置ける〔＝なんとなく遠慮してしまう〕」意。

安らぐ（やすらぐ）
ゆったりして穏やかな気持ちになる。
「（心・気持ち）が一／安らいだ（気持ち・気分・表情）／心一音楽」

和やか（なごやか）
気持ちが和らいでいる様子。
「一な（雰囲気・会話・笑い声・家庭・表情）／一に話し合う／座が一になる」

のんびり・のんき

のんびり あくせくせず、ゆったりしている様子。

「休日は家で一過ごす/一した(人・性格)」

ゆったり 気持ちにゆとりがある様子。

「ソファに身を沈め、一と読書にふける」

ゆるゆる 【緩々】のんびりしてくつろいだ気持ちの様子。

「風呂から上がり、一とくつろぐ」

安楽 (あんらく) 心身に苦痛や苦労がなく、楽な様子。

「一椅子/一な毎日/老後は一に暮らしたい」

安閑 (あんかん) ①のんびりとして静かな様子。

「一とした日々/一と暮らす」
②(危急時など何かをしなければならない時に)何もせずにのんびりしている様子。

「倒産の恐れもあるのに一としている」

安逸 (あんいつ) これといったことをせず、日々を気ままに過ごす様子。

「一な生活/一をむさぼる」

のんき 【呑気・暢気・暖気】性格や気持ちがのんびりしていて、細かなことを気にしない様子。

「一に(暮らす・遊ぶ・構える・生きる)/一な(人・性分・暮らし・身分・話)」

能天気 (のうてんき) 非常にのんきで楽天的である様子。

「もうすぐ昇任試験なのにあんなに遊び回っているなんて、一な奴だ」
＊**能転気・脳天気**とも書く。

左団扇 (ひだり うちわ) 安楽な生活を送ること。

「不動産があるので、一で暮らせる身分だ」
＊左手でゆっくりと団扇を使う意から。**左扇**(ひだりおうぎ)ともいう。

その他の表現

のどか・楽・ラフ・カジュアル・楽ちん・まったり・チル

盛り上がる

→ 楽しい／おもしろい／元気だ・無事だ／落ち込む・むなしい

基本の表現 ［ 盛り上がる・高揚する ］

★たとえを使って
- 大接戦の試合の展開を、**手に汗を握って**見守った。
- 主人公が活躍するこの場面は、何度読んでも**血湧き肉躍る**。
- 大スターの飛び入り参加に、客席は**興奮のるつぼ**と化した。
  - *「るつぼ(坩堝)」は中に物を入れ、熱して溶かすのに用いる耐熱性の容器。熱くたぎる状態や、「人種のるつぼ」など多種のものが溶け合う状態のたとえに用いる。
- グランプリ発表の瞬間を前に、**心臓が早鐘を打つ**。
  - *緊張や不安などで動悸が激しくなる様子のたとえ。

★「胸」や「心」の様子を描いて
- 相手の笑顔に(胸・心)を**躍らせる**。
- 明日のパーティーのことを考えると(胸・心)が**躍る**。
- 春の気配に(胸・心)が**弾む**。
- 期待に胸が**高鳴る**。
- 入学を控え、胸が**膨らむ**。

盛り上がる 気持ちや場の空気が高まる。

「(気分・議論・話・宴会・世論・機運・運動・場・ムード)が**―**／会議は大いに**盛り上がった**」

高揚 気分や精神が高まること。また、高めること。

「(気分・士気・ナショナリズム・反戦運動)が**―する**／学習意欲を**―させる**／気持ちが**―して**眠れない」
  *昂揚とも書く。

興奮 感情が高ぶること。

「**―した**(面持ち・声)／**―が**(おさまらない・冷めやらない・よみがえる・伝わる)／**―して**(眠れない・歩き回る・しゃべり続ける)／**―の**あまり立ち上がって応援する」

高潮 勢いや調子が高く激しくなること。また、その頂点。

「(議論・選挙戦)が**―する**／**―に達する**」

乗る 勢いや調子がよくなる。気分が高まる。

「観客が**乗って**きた／(ブーム・波・時代の潮流)に**―**／仕事が軌道に**―**／興に**―**〔＝面白さを感じて何かをする〕／図に**―**〔＝物事がうまく運び、いい気になって

つけあがる〕／気が**乗ったら**〔＝その気になったら〕行くよ」

高ぶる
神経の働きが盛んになる。感情が熱を帯び、激しくなる。

「(神経・気持ち・感情・声)が**―**／思わぬ試合展開に、コーチは気持ちを**高ぶらせて**声を上げた」

＊**昂る**とも書く。

熱くなる
興奮したり夢中になったりする。

「相手の見事な技に、つい**熱くなって**プレーした」

アガる
気分が高まる。興奮する。[俗語]

「この曲を聞くと**―**／**―メイク**」

燃える
情熱が高まる。やる気がさかんになる。

「(理想・希望・野心・意欲・向学心・仕事)に**―**」

沸き立つ
興奮する。熱狂してさかんに騒ぐ。

「(心・闘志・観客・場内)が**―**／意外なニュースに国中が**沸き立った**」

沸き返る
大勢の人が興奮して騒ぐ。

「見事な演技に観客がどっと**―**／朗報に町中が**―**」

色めく
緊張や興奮で活気づく。騒がしくなる。

「議長の発言に場内が**―**」

色めき立つ
緊張や興奮の様子があらわれる。

「1軍の選手が発表され、メンバーが**―**／速報が届き、刑事たちはにわか

に色めき立った」

ときめく
喜びや期待などで胸がどきどきする。

「(期待・キュートな姿・恋の予感)に胸が**―**／素敵な笑顔に心を**ときめかせる**」

＊「時めく〔＝時を得て栄える〕」は別の言葉。

熱狂
ひどく興奮し、熱中すること。

「逆転のダンクシュートに観客が**―する**／**―的な**ファン」

絶頂
物事の最高の状態。頂点。

「(人気・得意・歓喜・興奮・幸せ)の**―**」

血が騒ぐ
(自分の力をふるったり参加したりしたくなって)興奮してじっとしていられなくなる。

「山を見ると登山家の**―**／昔の**―**」

その他の表現

激情・忘我・山場・クライマックス・武者震い・躁状態・エキサイト・ハイになる・テンションが上がる・ぞくぞく・わくわく

31

自信がある

→ うぬぼれる／信用する・頼る／誇らしい／すばらしい・すぐれている

基本の表現 ┌ 自信がある・得意になる ┐

自信 じしん
自分の能力や価値などを信じる気持ち。

「一が(ある・出る・湧く・つく・みなぎる・揺らぐ・ない)／一を(持つ・得る・深める・強める・回復する・なくす・失う・喪失する・与える)／一に(満ちた・あふれた・裏打ちされた・裏づけられた・支えられた)態度／一満々／一過剰」

自負 じふ
自分の才能や力、業績などに自信を持ち、誇りに思うこと。

「一心／(プロ・一流・第一人者)を一する／(強烈な・ささやかな・密かな)一を持つ」

自任 じにん
自分がその任務や地位にふさわしいと思うこと。

「(第一人者・王者・美食家・名探偵)を一する」

＊「…をもって自任する」の形でも用いる。また、同音の「自認」は「(過ち・あわてんぼう)を自認する」など、自分に関することを自分でも認めることをいう。

任ずる にんずる
自分がその任務や責任を果たせると思う。自任する。

「芸術家をもって一／市民のための政治家をもって任じている」

＊任じるともいう。

確信 かくしん
かたく信じて疑わないこと。

「勝利を一しています」

誇る ほこる
自分に関わる物事について、優れていると思う。また、そのようなものとして他に示す。

「(絶大な人気・業界シェアナンバー1・伝統・実績・技術・力・地位)を一／長い歴史を一町／母校を誇りに思う」

得意になる

得意 とくい
自分が優れていると思い、自信を持っている様子。

「一に(なる・思う)／一満面」

自慢 じまん
自分のことや自分に関わりのあることを、他人に誇ること。

「(腕・力)一／一げな顔／一に思う」

自得 じとく
自分で自分に満足し、得意に思うこと。

「一の色を見せる」

ひけらかす
得意になって見せつける。見せびらかす。

「(知識・教養・学歴)を一」

誇示 こじ
得意になって、誇らしげに見せること。

「(勢力・博識・権力の大きさ)を—する」

得々 とく とく いかにも得意そうな様子。
「大物の魚をどうやって釣り上げたかを—と語る」

会心 かい しん 自分のした仕事などについて、心から満足すること。
「—の笑みを浮かべる/—の(作品・ホームラン)」

意気揚々 い き よう よう 得意げで活力にあふれる様子。
「チーム一同、—と引き揚げる」

自分に自信や誇りを持つ気持ち

自負心 じ ふ しん 自分の才能や力、業績などに自信を持ち、誇りに思う気持ち。
「彼は—が強い」

自尊心 じ そん しん 自分に誇りを持ち、尊厳や品位を保とうとする気持ち。
「—を(持つ・保つ・守る・傷つけられる)/仕事への高評価は彼の—を満足させた/—をくすぐるほめ言葉」

プライド 自尊心。自負心。
「—を(持つ・保つ・守る・満足させる・満たす・捨てる・傷つけられる)/—が許さない/—が邪魔して素直にふるまえない」

矜持 きょう じ 自分の能力や立場についての自信や誇り。
「プロとしての—を(持つ・保つ・守る)」
＊**矜恃**とも書く。

たとえを使った表現

胸を張る むね は 胸を反らせて、自信に満ちた態度をとる。

「この商品は**胸を張って**お薦めできます」

腕に覚えがある うで おぼ 自分の腕前や力量に自信がある。
「柔道なら少しは—」

あごを撫でる な 【顎を撫でる】得意になっている様子のたとえ。
「自分の作品を眺めて—」

自画自賛 じ が じ さん 自分の行為などを自分で褒めること。
「これは名作だと—する」

ポジティブな気持ち 💡 自信がある

その他の表現

鼻が高い・鼻高々

33

元気だ・無事だ

→ がんばる／盛り上がる／安心だ／疲れる／心配だ

基本の表現 [元気だ・無事だ・調子がいい]

健康で元気だ

元気(げんき) 体や心の活動の源となる力。また、その力があって生き生きとしている様子。
「一が(ある・出る・湧く・あり余る・なくなる)／一を(出す・取り戻す・回復する・もらう・くれる・なくす)／一に(なる・暮らす・過ごす)／一溌剌(はつらつ)たる若者／一だけが取り柄だ」

健康(けんこう) 体や心に異状がなく、良い状態であること。
「一的・一な(子供・生活・食欲・眠り・色の肌)／一を(守る・保つ・維持する・増進する・願う・気遣う・害する・損なう)／(いたって・すこぶる・人一倍・極めて)一だ」

健やか(すこ) 体が健康である様子。
「一な(成長・発育・赤ちゃん・老い・肌・寝息)／一に育つ」

健全(けんぜん) 体や心に悪いところがなく、調和をもって働いている様子。
「一な(発達・体・精神・食生活)／子どもの一な成長を支援する」
＊「一な社会」「一な経営」など、考え方や組織の状態などに悪いところがなく、適正に働いている様子もいう。

丈夫(じょうぶ) 健康で、病気になりにくい様子。
「一な子供／ずいぶん一になった」

達者(たっしゃ) 体に悪いところがなく、元気な様子。
「祖父は一に暮らしている／年はとったが足はまだまだ一だ」

まめ 【忠実】体が丈夫な様子。
「祖母も一で暮らしている／一で何より」
＊「一に働く」など、労をいとわず細かく真面目に働く様子もいう。

かくしゃく 【矍鑠】年をとっても丈夫で元気な様子。
「一たる老作家／老いてなお一としている」

壮健(そうけん) (高齢の人が)健康で元気なこと。
「まだまだご一で何よりです／一な老人／一に暮らす」

息災(そくさい) 病気や災難がなく無事であること。
「一に暮らす／無病一(＝病気をせず健康であること)を祈願する」

堅固(けんご) たくましく丈夫な様子。
「一な体」

タフ 心身が強く、少々のことではダメージを受けない様子。
「―ガイ／―な体／精神的に―な人」

健在 健康で無事に暮らしていること。
「両親ともに―です／大統領は―ぶりをアピールした」

健勝 健康で元気なこと。
「ますます―のことと存じます／ご―を祈ります」
＊多く手紙文で、「ご―」の形で用いる。

清栄 手紙文で、相手の健康や繁栄を祝う挨拶の言葉。
「貴家ますますご―の段お喜び申し上げます」

清祥 手紙文で、相手が健康で幸せに暮らしていることを喜ぶ挨拶の言葉。
「時下ますますご―の段大慶〔＝大きな喜び〕に存じます」

ぴんぴん 元気よく活動している様子。
「食中毒にあったそうだが、寝込むどころか―している」

しゃんしゃん 心身が衰えを見せず、元気に活動している様子。
「祖母は米寿を迎えても―している」

<h3>無事で変わりがない</h3>

無事 特に変わったことがないこと。事故や災害、病気などがなく平穏なこと。
「―に(暮らす・育つ・過ごす)／毎日を―に送る／―を知らせる手紙」

つつがなく 【恙無く】事故や災害、病気などがなく。無事に。
「家族みな―暮らしています」
＊「つつが」は病気などの災難のこと。

事無く 変わったことがなく。平穏に。
「―(済む・過ぎる・過ごす・終わる)／行事を―終える／話し合いは―収まった」

大丈夫 心配がいらない様子。
「ここまで回復すれば―だ／ご心配ありがとう、けがは―です」

平気 心持ちに変わりがなく、気にしない様子。
「このぐらいの傷なら―です」

命冥加 神仏の守りによって命拾いすること。
「大事故だったのに助かったとは、―なやつだ」

平穏 変わったことがなく、おだやかである様子。
「―に(暮らす・過ごす)／―な(日々・日常・生活・家庭・世の中・朝)／―無事な毎日」

安穏 何事もなく穏やかな様子。落ち着いていて気楽な様子。
「―に(暮らす・過ごす)／―な(生活・人生)／身の―を(願う・祈る・念じる)」

安寧 世の中が穏やかで無事なこと。
「社会の―を祈る」

穏やか 何事もなく、静かで落ち着いている様子。
「―な(生活・毎日・眠り・世の中)／―

に(暮らす・生きる)」

調子がいい

好調 こう ちょう 物事の調子がいいこと。物事がうまく進むこと。

「一な(滑り出し・売れ行き・走り)／万事一に進んでいます／輸出額は一に推移している」

快調 かい ちょう 物事の調子が素晴らしくいいこと。

「一な(滑り出し・立ち上がり・ペース・エンジン音)／一に(走る・進む・動く・運ぶ)／一に飛ばし1着でゴールした」

絶好調 ぜっ こう ちょう 体などの調子が非常にいい様子。

「(体・業績・景気)は一だ／今季も一(の・な)(投手・チーム)」

本調子 ほん ちょう し 本来の調子。本来のいい調子が出ること。

「一(になる・が出る・を取り戻す)／序盤を過ぎてようやく一が出てきた／熱は下がったがまだ一ではない」

＊もとは、三味線の最も基本的な調弦法をいう言葉。

やる気や活力にあふれている

生き生き い い 生命力にあふれ、勢いがある様子。

「一とした(目・表情・声・文章・野菜)／一と(語る・伝える・表現する・働く)」

はつらつ 【潑剌・潑溂】生気がみなぎり、勢いがいい様子。

「一とした(若者・声・姿・返事)／一と歩く／元気一」

旺盛 おう せい 気力や活動力などの非常に盛んな様子。

「一な(食欲・活力・行動力・好奇心)／成長につれて知識欲が一になる」

活発 かっ ぱつ 生き生きとして勢いがいい様子。

「一に(活動する・動き回る・議論する)／一な(子供・動き・意見・外交)／(動作・新陳代謝・経済・打線)が一になる」

軒昂 けん こう 意気が高く上がり、奮い立つ様子。

「意気一〔＝意気込みが盛んで元気な様子〕たる若者」

鬱勃 うつ ぼつ 意気が盛んに湧き起こり、外に噴き出そうとする様子。

「一たる闘志／自由を求める運動が一として湧き起こる」

エネルギッシュ 活力にあふれている様子。

「一な人／一に仕事を進める」

活動の源となる力や勢い

活力 かつ りょく 活動の源となる力。生命力。

「一が(湧く・みなぎる・あふれる・出る・よみがえる)／一に(満ちた・富んだ)若者／一を(与える・もたらす・高める・養う)」

精 せい 心や体に備わっている力。活気にあふれた力。

「一がつく食べ物／一が出る／一を(出す・入れる)」

精力 せい りょく 心身を働かせ、物事をおこなう体力や気力。

「一が(みなぎる・尽きる)／仕事に一

を注ぐ／一を傾ける」

精力的 せい りょくてき 体力や気力にあふれ、疲れを知らずに次々と物事をおこなう様子。
「一な(活動・人物)／一に働く」

意気 い き 物事をおこなおうとする積極的な気持ち。
「一盛んな新進作家／その一で頑張れ／一衝天〔＝意気込みが天を衝くほどに激しく盛んなこと〕の勢い」

血気 けっ き 血液と気息。また、物事を恐れずにおこなおうとする盛んな気力。
「一盛んな若者／一にはやる〔＝一時の意気込みに任せて向こう見ずに事に当たる〕」

血の気が多い ち け おお 激しやすい。向こう見ずに物事をおこないやすい。
「一若者／彼は**血の気が多く**、すぐにかっとなる」

英気 えい き 物事を積極的におこなっていく気力。
「一を養う〔＝休養をとるなどしてじゅうぶんに気力をためる〕」

鋭気 えい き 物事に向かう鋭い気力や判断力。強い意気込み。
「敵の一を(そぐ・くじく)」

覇気 は き 積極的に物事をおこなおうとする意気込み。
「一のない若者／一を(失う・なくす)」

気合い き あ 精神を集中して事に当たろうとする、気持ちの勢い。また、その時のかけ声。
「一が入る／一を入れる／一をかける」

気勢 き せい 意気込んだ気持ち。
「一が上がる／一を(上げる・そがれる)」

気炎 き えん 炎が上がるような盛んな意気。議論の場などで発せられる威勢のいい言葉。
「一を吐く／怪一〔＝威勢がよすぎて真実かどうか疑わしい言葉や意気込み〕／一万丈〔＝非常に意気が盛んである様子〕」

バイタリティー 生命力。活力。どんどん物事を進めていく生き生きした力。
「一のある人／彼女はいつも一にあふれ、事業を展開している」

その他の表現

躁そう・ハイ・アクティブ・安全・平安

37

ネガティブな
気持ち

悲しい

→ 傷つく・不幸せだ／かわいそう／うれしい

基本の表現 ［ 悲しい・切ない・悲しむ・嘆く・泣く ］

★「胸」の様子を描いて

- 年老いた両親がどんなに苦労しているかと思うと胸が潰れる。
- 悲しいニュースが続き、胸が塞がる。
- もう二度と会えないと思うと、悲しくて胸が張り裂けそうだ。
  ＊胸が裂けるともいう。
- 彼女の涙を見て、胸が締め付けられるような気持ちになった。
- 故郷の村が受けた苦難を思うと、胸をかきむしられるようだ。
- 悲しみに胸がつかえて、何も喉を通らない。

悲しい・切ない

悲しい つらいことなどがあり、心が痛んで泣きたくなるような気持ちだ。
「―(知らせ・物語)／ネコが死んでしまって―」
＊「かなしい」は一般的に「悲しい」と書く。人の死などに対する深い嘆きや、抵抗できない運命へのかなしみ、ものがなしさなどを表す時は哀しいと書くこともある。

切ない 悲しさや寂しさ、恋しさなどで、胸が締めつけられる

ような気持ちだ。やるせない。
「―(思い・メロディー)／故人の写真を見ると切なくなる」

物悲しい なんとなく悲しい。「―(気分・メロディー)」

うら悲しい なんとなく悲しい。どことなく悲しい感じだ。
「―(秋の夕暮れ・海辺の景色・音楽)」
＊「うら」は心の意。漢字では心悲しいと書く。

はらわたが千切れる

耐えられないほど悲しかったりつらかったりする様子のたとえ。
「我が子を事故で亡くし、―思いだ」

はらわたを断つ 耐えられないほど
悲しい様子のたとえ。断腸。
「―思いで我が子を置いて旅立った」

断腸の思い はらわたを断つほど悲しくつらい思い。
「この家を明け渡さなければならないとは、―だ」

悲嘆 悲しみ嘆くこと。「―の涙／―に暮れる」

40

悲哀　あい
悲哀 悲しく哀れなこと。しみじみと感じられる悲しさ。

「人生の一を（感じる・味わう）／表情に一が漂う／一に満ちた生涯」

悲痛　つう
悲痛 ひどく痛々しく、悲しく感じられる様子。

「一な（声・叫び・表情・面持ち）／被害者の一な思いが伝わってくる」

沈痛　ちん　つう
沈痛 深い悲しみや心配事に心を痛めている様子。

「一な（面持ち・声・顔・表情）／目撃者は一な口調で事故の様子を語った」

悲しげ　かな
悲しげ いかにも悲しそうな様子。

「一な（声・口調・顔つき）／一な歌声が聞こえてくる」

悲壮　ひ　そう
悲壮 悲しい出来事の中で、勇ましく立派にふるまう様子。

「一な（決意・覚悟・態度・面持ち・声）／将軍は一な最期を遂げた」

悲愴　ひ　そう
悲愴 ひどく悲しく痛ましい様子。

「一感の漂う曲／一な（声・顔・面持ち・決意・覚悟）」

悲愁　ひ　しゅう
悲愁 悲しみと愁い。かなしみに心が深く沈むこと。

「母を亡くした一の思いが伝わる歌」

憂愁　ゆう　しゅう
憂愁 悲しみや心配に心が覆われ、深く沈んでいる様子。

「一に（沈む・閉ざされる）／一に満ちた表情／一の色を帯びた瞳」

哀感　あい　かん
哀感 もの悲しい感じ。かなしみやあわれを誘う感じ。

「一を（帯びる・覚える・伝える・そそる）／一漂う姿／一のこもった歌声」

哀切　あい　せつ
哀切 とても哀れで、もの悲しい様子。

「一な（声・表情・メロディー）／一極まる物語」

哀愁　あい　しゅう
哀愁 なんとなく感じられる、もの悲しい感じ。

「一を帯びた曲／一の漂う後ろ姿／人生の一を感じる」

ペーソス もの悲しさ。哀感。哀愁。

「ユーモアの中にも一が漂う小説／一あふれる絵」

＊「ユーモア」と対で使われることが多い。

感傷　かん　しょう
感傷 物事に接して、悲しさや懐かしさ、寂しさなどを覚えて感じ入ること。

「一に浸る／昔の写真を見て一的になる」

センチメンタル ちょっとしたことにも感じやすく、涙もろい様子。感傷的。

「一な人／秋の海辺を散歩して一になる」

悲しむ　かな
悲しむ つらいことなどがあり、心が痛んで泣きたくなるような気持ちになる。

「（別れ・知人の死・友の裏切り・世の乱れ）を一／共に喜び共に一」

＊哀しむとも書く。

嘆く　なげ
嘆く 悲しみや憤りを感じ、それを言葉などで表す。

「（友の死・我が身の不幸）を一」

＊歎くとも書く。

41

嘆（たん）ずる 悲しみ、憤る。なげく。
「不正のまかりとおる世の中を一／不運な身の上を一」
＊**嘆じる**ともいう。また、**歎ずる**とも書く。

愁（うれ）える 心を痛めて悲しみ、嘆く。
「(病身・貧しさ・知人の死)を一／深い愁いに沈む」
＊**愁う**ともいう。また、「**憂える**」と書くと、将来のことを心配して心を痛める意を表すことが多い。

取（と）り乱（みだ）す 心の落ち着きを失い、見苦しいふるまいをする。
「死を伝える突然の知らせに一」

嘆（なげ）かわしい 情けなく、悲しく残念に感じられる。なげきたくなる状態だ。
「一事件／最近の若者の風潮は実に一」

嘆息（たんそく） 悲しんだりがっかりしたりしてため息をつくこと。また、そのため息。
「(悲しい知らせ・身の不運)に一する／天を仰いで一する／一を(つく・漏らす)」
＊**歎息**とも書く。

慨嘆（がいたん） 社会などのよくない状態をなげき、憤ること。
「(世相・道徳の荒廃)を一する／一の(声・念)／一に堪えない」
＊**慨歎**とも書く。

愁嘆（しゅうたん） 嘆き悲しむこと。
「一族の悲運を一する／子を亡くした母の一／一場(＝芝居での嘆き悲しむ場面や、実生活の悲劇的な場面)」
＊**愁歎**とも書く。

愁色（しゅうしょく） うれいを含んだ顔つき。悲しそうな様子。
「一が漂う」

愁然（しゅうぜん） 悲しい思いに沈む様子。
「一として(去る・涙を流す・たたずむ・墓前に立つ)」

痛嘆（つうたん） ひどく嘆き悲しむこと。
「友の死を一する／一すべき事件」
＊**痛歎**とも書く。

嗟嘆（さたん） 嘆くこと。
「一の声／一の色〔＝表情〕を浮かべる／非運を一するばかりだ」
＊**嗟歎**とも書く。また、非常に感心して褒める意にも用いる。

長嘆（ちょうたん） 長いため息をついて嘆くこと。
「天を仰いで一する／我が身の愚かさを一した」
＊**長歎**とも書く。

悲しくて泣く

泣（な）く 悲しみや苦しみなどのために声を上げ、涙を流す。また、つらい目にあって嘆き悲しむ。
「大声で一／泣きながら別れを告げる／不運に一／つらい仕事に泣かされる」

涙（なみだ）する 涙を流す。泣く。
「友のやつれた姿に一／人知れず一した」

むせぶ 【噎ぶ・咽ぶ】悲しみなどの感情がこみ上げ、息を詰まらせながら泣く。

「深い悲しみの涙に—」

落涙 _{らく るい} 涙をこぼすこと。泣くこと。
「友の言葉に思わず—する／はらはらと—する」

号泣 _{ごう きゅう} 大声を上げて泣くこと。泣き叫ぶこと。
「遺体と対面して—する」
＊「激しく泣く」意で用いられることもあるが、本来の意味ではない。

嗚咽 _{お えつ} 声を詰まらせて泣くこと。むせび泣き。
「—を(漏らす・こらえる・押し殺す)／声を殺して—する／変わり果てた友の姿に—がこみ上げてきた」

欷歔 _{きょ き} すり泣くこと。しゃくりあげて泣くこと。
「群衆の中から—の声が聞こえた」

慟哭 _{どう こく} 悲しみのあまり、声を上げて激しく泣くこと。
「妻子の死を知り、—する」

啼泣 _{てい きゅう} 声を上げて泣くこと。
「まさかの敗退に—する」
＊医学用語などとして、赤ん坊などが悲しみのためではなく泣く意にも用いる。

涕泣 _{てい きゅう} 涙を流して泣くこと。
「突然の訃報に—する」
＊「涕」は、なみだの意。

泣き明かす _{な あ} 夜明けまで、一晩中泣いて過ごす。また、毎日泣いてばかりいる。
「失恋した夜は泣き明かした」

泣き暮らす _{な く} 一日中泣いて過ごす。また、毎日泣いてばかりいる。

「愛児を亡くした悲しみに—」

涙に暮れる _{なみだ く} ①涙のために何も見えなくなるほど激しく泣く。
「事故現場を訪れた遺族は**涙に暮れた**」
②泣いて日々を送る。泣き暮らす。
「我が子を亡くして以来、**涙に暮れている**」
＊①は**涙に暗れる**と書くこともある。

その他の表現

さめざめ・うるうる・おろおろ・ぐすぐす・くすん・しくしく・はらはら・びいびい・ほろほろ・ぽろぽろ・めそめそ・よよ

43

苦しい

→ 疲れる／がんばる／気楽だ・リラックスする

基本の表現 「苦_{くる}しい・つらい・苦労_{くろう}する」

★四字熟語で
- 不景気が続き、零細企業はどこも**青息吐息**だ。
- 扱いづらい素材に**悪戦苦闘**する。
- **苦心惨憺**_{くしんさんたん}してようやく資金を工面した。
- **難行苦行**の末、ようやく新商品を生み出した。
- **苦学力行**して大科学者となった人物。
- 新しいアプリの使い方がわからなくて**四苦八苦**する。
- **粒々辛苦**の末、とうとう新技術を開発してみせた。
  * 穀物の一粒一粒が農民の苦労の結晶であることから、こつこつと努力し苦労することのたとえ。
- **艱難辛苦**_{かんなんしんく}を乗り越えて幸せをつかんだ。
- **千辛万苦**を重ね、とうとう故郷の地を踏んだ。
- 詩の一句一句に**彫心鏤骨**_{ちょうしんろうこつ}する。
  *「ちょうしんろうこつ」ともいう。

★オノマトペで
- 面倒な作業が多くて**ふうふう**言っている。
- つらい仕事を**ひいひい**言いながらよ

うやく仕上げた。

★対になる表現
- 人生の**甘苦**をなめる。
- きみとは長く**苦楽**を共にしてきた。

苦しい_{くる} 体または心に苦痛がある。「(息・胸・おなか・呼吸・家計・経営・生活・心)が**一**／**一**(立場・状況)に追い込まれる」

つらい【辛い】その状況が、肉体的または精神的に耐えられないほど苦しい。「**一**(仕事・経験・時期・出来事・思い出)／友人と別れるのは**つらかった**／恋人に**つらく**当たる」

しんどい くたびれる。面倒だ。「この坂は急で**一**／人間関係は**一**ものだ」

きつい 耐えられないほど厳しく、苦しい。「**一**(仕事・訓練・言葉)／今日の練習は**きつかった**／**一一**言を投げられた」

無理_{むり} それをおこなうのは困難があり、難しい様子。「その仕事を一人でやり切るのは**一**だ／もう年で**一**がきかない」

44

堪え難い（たえがたい） 肉体的または精神的に、我慢できない。こらえきれない。
「—（苦痛・暑さ・騒音・屈辱）／あの人の暴言は—」

たまらない【堪らない】持ちこたえられない。だめになってしまう。
「そんな作業までやらされたら、体がもう—」

身を切られる（みをきられる） ひどくつらくて、体が切られるように感じる。
「我が子との別れは—思いだった」

苦しむ様子のいろいろ

苦しむ（くるしむ） 体または心に苦痛を感じる。
「（痛み・病・後遺症・飢え・貧困・借金・差別）に—／彼女の言葉は理解に—」

悶える（もだえる） 激しい痛みやつらさのために、身をよじる。
「激痛に—／嫉妬の念に一晩中**悶え苦しむ**」

身悶えする（みもだえする） 身をよじって苦しむ。
「激しい痛みに—／**身悶えして**泣き叫ぶ」

喘ぐ（あえぐ） 苦しそうにせわしなく呼吸する。また、生活苦や不調に苦しむ。
「**喘ぎ喘ぎ**坂を上る／（貧困・不況・経営不振・借金・病苦）に—」

呻く（うめく） 苦しみや痛みのあまり低い声を漏らす。
「傷ついた兵士が激痛に—／病苦に

—／酷使された労働者の—声が聞こえるようだ」

唸る（うなる） 苦しくて、長く引いた低い声を出す。
「病人の—声が低く響く／難問に—」
＊「観客を唸らせる演技」のように、感嘆する意にも用いる。

もがく【藻掻く】苦しくて手足をやたらに動かす。また、苦しい状況をなんとかしようとして焦り、あれこれおこなう。
「水中で—／苦境に—／引責辞任を逃れようと、いたずらに—」

のたうち回る（のたうちまわる） 苦しさのあまり転げ回る。
「（激痛・失恋の痛み）に—」

苦悶（くもん） 痛みや心配などで、ひどく苦しむこと。
「—の（声・表情）／自らを責めて日夜—する」

苦悩（くのう） あれこれと苦しみ悩むこと。
「責務と人情の板挟みに—する／—のにじむ（声・表情）」

苦慮（くりょ） どうしたらいいかと苦しみ、あれこれ考えること。
「（対応・対策・取り扱い）に—する／—の末、判断する」

煩悶（はんもん） あれこれと思い悩み、苦しみもだえること。
「罪の意識に、ひとり—する」

呻吟（しんぎん） 苦しんでうめくこと。
「病床で—する／詩作に—する」
＊特に、詩歌を作るのに苦心する意に用いる。

45

「苦労」や「苦しみ」のいろいろ

苦労（く ろう）物事をおこなうために力を尽くし、苦しい思いをすること。

「―を（重ねる・味わう・知る・分かち合う）／人に―を（させる・かける・強いる）／―して建てた家」

一苦労（ひと く ろう）ちょっと苦労すること。一定程度の苦労。

「子どもをなだめるのに―する／手を骨折し、食事にも―だ」

苦難（く なん）苦しみや困難。

「―を乗り越える／さまざまな―に耐える／―の一生を送った」

苦節（く せつ）苦しみに負けず、自分の信念や意志を守り抜くこと。

「―30年、とうとう世に認められた」

困苦（こん く）生活などに困り、苦しむこと。

「―に耐えて子を育てる」

艱難（かん なん）大変な苦労。

「―汝を玉にす〔=つらく苦しい経験によって、立派な人間になる〕／―辛苦」

難儀（なん ぎ）困難なことに出あって苦労すること。

「雪道に―する／誤解を解くのに―をする」

難渋（なん じゅう）困り、苦しむこと。物事がすらすらと進まず、苦労すること。

「住民の同意を得られず―する／貧しい生活に―する／―を極める」

辛酸（しん さん）つらいことや苦しい思い。

「世の―をなめる〔=さまざまに苦労し、つらい思いをする〕」

苦杯（く はい）苦く、つらい経験。

「―を（喫する・なめる）〔=苦い経験をする〕」

苦汁（く じゅう）苦く、つらい経験。

「―を（なめる・飲まされる）」

苦渋（く じゅう）思い通りに物事が運ばず、苦しみ悩むこと。

「顔に―の色を浮かべる／―に満ちた表情／人生の―を味わう／―の決断」

苦衷（く ちゅう）苦しくつらい心の内。「衷」は心のなか。

「市長の―は察するに余りある」

刻苦（こっ く）自らの心身を苦しめて努力すること。

「―精励／―して学問を修める」

泣かされる（な かされる）苦しめられたり、辛い目にあわされたりする。

「難しい注文が多くて**泣かされた**」

ひどい苦しみ

業苦（ごう く）前世での悪業のために現世で受ける苦しみ。[仏教語]

「―にさいなまれる」

惨苦（さん く）悲惨な、ひどい苦しみ。

「戦争の―を伝える／現地の―を目の当たりにする」

重苦（じゅう く）重く、耐えがたい苦しみ。

「生活の―にあえぐ」

痛苦（つう く）痛くて苦しいこと。また、ひどい苦しみ。

「―に耐える」

塗炭の苦しみ（と たん の くる しみ）泥や火のなかにいるような、ひどい苦しみ。

「―を（なめる・味わう）／―に（あえぐ・襲われる）」

46

*「塗炭」は泥に塗られ、炭火に焼かれる意。

苦しい状況や立場

窮状 きゅうじょう 貧しさなどのために、とても困り苦しんでいる状態。
「―を(訴える・救う・脱する)」

苦界 く かい 苦しみや悩みに満ちた世界。人間の世界。[仏教語]
「―に身を沈める」
*「苦海」からきた言葉。

苦海 く かい 苦しみや悩みが海のように深く果てしないこの世。人間の世界。苦界。[仏教語]
「―に流転を繰り返す」
*「くがい」ともいう。

火宅 か たく 苦しみや煩悩に満ちたこの世。娑婆。[仏教語]
「戦争の繰り返される現世は―に等しい」
* 平安のないことを、火に包まれた家にたとえた言葉。

苦境 く きょう 苦しい境遇。苦しい立場。
「―に(陥る・立たされる・直面する・耐える)／―を(乗り切る・乗り越える・脱する・打開する・救う・助ける)」

窮地 きゅう ち 追い詰められて逃れようのない苦しい立場。
「―に(陥る・立たされる・立つ・追い込まれる)／―を(脱する・救う・しのぐ・逃れる・支える)」

憂き目 う き め つらいこと。苦しく悲しい経験。
「落選の―に遭う／全敗の―を見る」

たとえを使った表現

骨だ ほね 困難だ。面倒だ。
「この文章を訳すのはなかなか―」

骨が折れる ほね お 面倒で、労力を要する。困難だ。
「この仕事は―」

気骨が折れる き ぼね お 細かく気をつかわなければならず、精神的な苦労が多い。気疲れする。
「人間関係の調整は―」

骨身を削る ほね み けず 体が痩せ細るほど努力し、苦労する。身を削る。
「骨身を削って働く／教育の普及に―」

その他の表現

苦心・腐心・苦戦・苦行・労苦・苦楚く・苦にする・苦い思いをする・心を砕く・肝胆を砕く・息苦しい・居苦しい・聞き苦しい・心苦しい・寝苦しい・見苦しい・耳苦しい・胸苦しい

腹が立つ

→ くやしい／不満だ・不愉快だ／うらむ／うっとうしい・面倒だ

基本の表現 [腹が立つ・怒る]

★怒る様子を描いて

• 弟の行き過ぎたいたずらに、姉は**目の色を変えて**怒った。

• 娘が危険な目にあわされたと知り、父は**血相を変えて**どなり込んだ。

• からかわれて、**むきになって**怒る。

• 約束を破った息子に、父は**目を剥いた**〔＝目を大きく見開いて怒った〕。
  ＊「目を向く」と書くのは間違い。

• 遅刻しても悪びれない生徒に教師は**眉を上げた**〔＝怒った表情を見せた〕。
  ＊眉を吊り上げるともいう。

• 興奮して、**青筋を立てて**怒る。

• **烈火の如く**〔＝燃え盛る火のように〕怒る。

★「腹」のいろいろな表現

• 相手ののんびりした返答に**向かっ腹を立てる**〔＝わけもなく腹を立てる〕。
  ＊「向か腹」の変化した言い方。

• 負け続きで**やけっ腹になる**〔＝自暴自棄になって腹を立てる〕。
  ＊「やけ腹」を強めた言い方。漢字では「自棄っ腹」と書く。

• 彼の言い方には**小腹が立つ**〔＝ちょっと腹が立つ〕。

• 不平不満を並べ立てられ、**中っ腹になって**〔＝心中は腹が立ちかけているが、そ
れを外に表さずに〕目を閉じた。

★オノマトペで

• 失礼な物言いに**むっとする**。

• 話しかけたのに無視されて、**むかっと来た**。

• ひどいいたずらに、母は**かんかんに**なって怒った。

• ばかにされて**かっとして**、つい手を上げそうになった。

• **がみがみ**叱る。

• 朝から何をそんなに**ぷんぷん**怒っているの。

• ちょっとからかったら、**ぷりぷり**して返事もしない。

• 買い物に連れて行ってもらえず、**ぷんと**ふくれている。

• 彼女は**ぷいっと**席を立って行ってしまった。

腹が立つ（はらがたつ） 物事に対して、怒りの感情が湧く。

「昨今の政治家の言動には本当に―／友人のひどい仕打ちに腹が立った」

頭に来る（あたまにくる） 怒りのために興奮する。かっとなる。

「頭に来て、ひとこと言ってやった／

あんなふうにばかにされたら誰だって―」

怒る
<small>おこ</small>

①物事を不愉快に感じたり許せないと思ったりして、いら立った激しい気持ちを外に表す。
「(ひどく・激しく・真っ赤になって)―」
②叱る。
「遅刻して先生に**怒られた**」

怒る
<small>いか</small>

物事を不愉快に感じたり許せないと思ったりして、激しくいら立つ。
「烈火のごとく―」
＊古風な言い方。話し言葉では「おこる」が多く用いられる。

腹を立てる
<small>はら た</small>

怒ること。
「失礼な言葉に―／度を越した冗談に、とうとう**腹を立てた**」

憤る
<small>いきどお</small>

不正や不当なことなどに対して、激しく怒る。慨慨する。
「不正がまかりとおる世の中を―／相手の失礼な言動に激しく―」

キレる

怒りの感情を抑えられず、見境のない行動をする。[俗語]
「ばかにされて―／あいつはすぐに―」

叱る
<small>しか</small>

相手のよくない言動を指摘し、正すように強く言う。
「(子供のいたずら・生徒)を―／(きつく・厳しく・こっぴどく)―」

怒り
<small>いか</small>

いかること。いかる気持ち。
「―が(こみ上げる・爆発する・燃え上がる・頂点に達する・収まる)―を(覚える・ぶつける・ぶちまける・抑える・鎮める)／―に(震える・身を任せる)／軽率な行動が上司の―を買った／―を通り越して笑えてきた」

憤り
<small>いきどお</small>

憤ること。憤る気持ち。
「―を(覚える・禁じ得ない)／口がすべって、相手の―を買った」

立腹
<small>りっ ぷく</small>

腹を立てること。怒ること。
「―して席を立つ／―のあまり大声を出した／あなたのご―も当然です」

腹立たしい
<small>はら だ</small>

腹が立ってくる感じだ。しゃくに障る。
「あの人の態度は本当に―／―(言葉・行為・記事)」

忌ま忌ましい
<small>い い</small>

くやしく、腹立たしい。
「自分だけうまくやって、―奴だ／3年ぶりの大会だというのに、―雨だ／途中で尻込みしてしまった自分が―」

癪に障る
<small>しゃく さわ</small>

不愉快に感じられて腹が立つ。
「―(言葉・態度)／あてつけがましい物言いが**癪に障り**、つい言い返した」
＊「癪」は胸または腹に生じる、差し込むようなけいれん痛のこと。

かちんと来る
<small>く</small>

相手の言動が気に障って不愉快になる。
「言いたい放題言われて**かちんと来た**」

業腹
<small>ごう はら</small>

しゃくに障り、とても腹が立ってくる様子。
「ここまで言われて引き下がるのも―

だ／あそこで失敗したのが一でたまらない」

色をなす【色を作す】怒って表情を変える。

「相手をばかにするような息子の態度に、父は色をなして怒った」

気色ばむ怒りを顔や態度に表す。

「侮辱的な発言に気色ばんで抗議する」

食ってかかる激しい口調や態度で相手に迫る。

「いますぐ謝れと相手に一」

怒りが収まらない

堪忍袋の緒が切れる

それ以上我慢できず、怒りが爆発する。

「堪忍袋の緒が切れた、今日こそ言ってやる」

堪忍がならない怒りを我慢できない。許せない。堪忍できない。堪忍ならない。

「ひどいいたずらばかりで、もう一」

憤懣やる方ないひどく腹が立って、どうにもしようがない。

「父は一様子で担当者に食ってかかった」

＊「憤懣」は腹が立っていらいらし、我慢できない気持ち。忿懣とも書く。

腹の虫が収まらない

腹が立って、気持ちが鎮まらない。

「謝罪の言葉はあったが、どうにも一」

腹に据えかねる

怒りを抑えられる限度を超えている。我慢ができない。

「相手の得手勝手な言葉が腹に据えかねて、どなり返した」

はらわたが煮えくり返る

どうにもできないほど激しく腹が立つ。

「婚約者を侮辱され、一思いだ」

＊はらわたが煮え返る・はらわたが燃え返るともいう。

頭に血が上る

かっとなって冷静さを失う。

「ばかにされて頭に血が上り、暴れてしまった」

八つ当たり

腹立ちを抑えられず、関係のない人に当たり散らす。

「落選して家族に一する」

ひどく怒る

怒り狂う

手がつけられないほど激しく怒る。

「父は怒り狂って、その客を追い返した」

激怒激しく怒ること。「侮辱されて一する／余計な一言が相手の一を買った」

逆上激しい怒りのために、分別をなくして取り乱すこと。

「真相を知って一する／一して殴りか
かる」

癇癪を起こす

<ruby>癇<rt>かん</rt></ruby><ruby>癪<rt>しゃく</rt></ruby>を<ruby>起<rt>お</rt></ruby>こす　感情を抑えき
れずに怒りを
ぶつける。

癇癪玉が破裂する

<ruby>癇<rt>かん</rt></ruby><ruby>癪<rt>しゃく</rt></ruby><ruby>玉<rt>だま</rt></ruby>が<ruby>破<rt>は</rt></ruby><ruby>裂<rt>れつ</rt></ruby>する

癇癪を起こす。

激昂

<ruby>激<rt>げき</rt></ruby><ruby>昂<rt>こう</rt></ruby>　興奮して激しく怒ること。
「一してどなり散らす」

憤慨

<ruby>憤<rt>ふん</rt></ruby><ruby>慨<rt>がい</rt></ruby>　ひどく腹を立てること。
「不平等な扱いに一する／小ば
かにされて一する」

憤激

<ruby>憤<rt>ふん</rt></ruby><ruby>激<rt>げき</rt></ruby>　激しく怒ること。「政治家の収賄事件が国民の
一を買った／人権の侵害だと一する」

憤怒

<ruby>憤<rt>ふん</rt></ruby><ruby>怒<rt>ど</rt></ruby>　ひどく怒ること。
「一を(あらわにする・こらえる)
／一に燃えるまなざし」
＊ふんぬともいう。

悲憤慷慨

<ruby>悲<rt>ひ</rt></ruby><ruby>憤<rt>ふん</rt></ruby><ruby>慷<rt>こう</rt></ruby><ruby>慨<rt>がい</rt></ruby>　自分の運命や世の中
のありさまについて憤
慨し、悲しみ嘆くこと。
「世の荒廃を一する／一の思い」

怒り心頭に発する

<ruby>怒<rt>いか</rt></ruby>り<ruby>心<rt>しん</rt></ruby><ruby>頭<rt>とう</rt></ruby>に<ruby>発<rt>はっ</rt></ruby>する

心の底から激しく怒る。
「怒り心頭に発して立ち上がる」
＊「心頭」は心の中の意。また、「怒り
心頭に達する」は本来は正しくない
言い方。

怒髪冠を衝く

<ruby>怒<rt>ど</rt></ruby><ruby>髪<rt>はつ</rt></ruby><ruby>冠<rt>かんむり</rt></ruby>を<ruby>衝<rt>つ</rt></ruby>く　激しい怒りの
ために逆立っ
た髪の毛が冠をつき上げる。非常に
激しく怒る様子のたとえ。

「裏切りに**怒髪冠を衝き**、身を震わせ
て怒る」
＊「怒髪、冠を衝く」と区切る。**怒髪
天を衝く**ともいう。

逆鱗に触れる

<ruby>逆<rt>げき</rt></ruby><ruby>鱗<rt>りん</rt></ruby>に<ruby>触<rt>ふ</rt></ruby>れる　目上の人を激
しく怒らせる。
「勝手な判断が部長の**逆鱗に触れた**」
＊「逆鱗」は天子の怒りの意。竜はあ
ごの下に逆さに生えたうろこを持ち、
それに人が触れると激しく怒ってそ
の人を殺すという故事から。

その他の表現

逆<ruby>撫<rt>な</rt></ruby>で・とさかに来る・満
面朱を注ぐ・目くじらを立てる・
苦々しい・<ruby>癪<rt>しゃく</rt></ruby>に障る・むかつ
く・いらいら・かりかり

不満だ・不愉快だ

→ 腹が立つ／嫌い／うっとうしい・面倒だ／満足だ／気持ちがいい

基本の表現 〔 **不満だ・不愉快だ・いらいらする** 〕

★不満・不機嫌な様子を描いて

- 洋服を買ってもらえなくて**膨れっ面**をしている。
- 物も言わず、**しかめっ面**をして窓の外を見ている。
- わかったよ、と**仏頂面**で答える。
- **頬を膨らませて**文句を言う。
- 母に強く言いつけられ、弟は**小鼻を膨らませて**嫌々立ち上がった。
- 自分ばっかり我慢している、と妹は**口をとがらせた**。

★オノマトペで

- あいつの不平不満を聞いていると**むかむか**する。
- どうも**むしゃくしゃ**するので、ひとっ走りしてきた。

気に入らない

不満（ふ・まん） 物事が思い通りにならず、物足りなく思うこと。また、その気持ち。
「―が（残る・高まる・爆発する）／―を（持つ・抱く・ぶつける・訴える・解消する）／まだ―な点がある／欲求―」

不平（ふ・へい） 満足できず、気に入らなくて不愉快に思うこと。また、その気持ちや言葉。
「―を（並べる・漏らす）／―不満」

不服（ふ・ふく） 相手の言うことや状況に納得できず、心から従えないこと。
「和解案を―に思う／―を申し立てる／―そうな顔」

むくれる 腹を立てたり不満に思ったりして、それを表情や態度に表す。
「妹は部屋の隅で**むくれている**」

膨れる（ふく・れる） 腹を立てたり不満に思ったりして、頬を膨らませる。膨れっ面をする。
「気に入らないことがあるとすぐ―」

臍を曲げる（へそ・ま・げる） 機嫌を悪くして意固地になる。
「願いを聞いてもらえなくて―」

冠を曲げる（かんむり・ま・げる） 機嫌を悪くする。意固地になる。
「からかわれて**冠を曲げて**しまった」

お冠（かんむり） 機嫌を悪くしている様子。
「部長は朝から―だ」

つむじを曲げる（ま・げる）【旋毛を曲げる】 機嫌を悪くして、わざと逆らう。
「すっかり**つむじを曲げて**、呼んでも返事もしない」

憮然（ぶぜん）不満だが自分にはどうしようもない、という気持ちが表れた様子。

「一たる面持ち」

不愉快だ

不愉快（ふゆかい）心楽しくないこと。嫌な気持ち。

「一な（発言・態度）／一にする言葉」

不快（ふかい）心地悪く感じられること。嫌な気持ち。

「一に（思う・感じる）／一な（出来事・匂い・音・光景）／一感」

胸が悪い（むね わる）不愉快だ。むかむかするほど腹立たしい。

「思い出すだけで胸が悪くなる」

いらいらする【苛々する】不愉快なことがあったり物事が思うように進まなかったりして、神経が高ぶる。

「彼の言うことを聞いていると一」

苛立つ（いらだ）いらいらしてじっとしていられなくなる。いらつく。

「いら立った（声・顔つき・表情・様子・調子）／神経をいら立たせる」

苛つく（いら）いら立つ。

「いらついた（声・様子・口調）」

むかつくしゃくに障る。不愉快に感じる。

「顔を見るだけで一／文句ばかり言われてむかついた」

苦々しい（にが にが）非常に不愉快だ。気に入らないがどうにもできなくて、たまらなく嫌だ。

「一（表情・顔つき・口調・声）／苦々しく思う／一思いで話を聞いていた」

苦り切る（にが き）とても苦々しく思う。ひどく不愉快そうな顔つきをする。

「苦り切った（顔・表情）」

苦虫を噛み潰したよう（にが むし か つぶ）ひどく不愉快そうな表情のたとえ。

「一な顔で腕組みをして座っている」

＊「苦虫」は噛むと苦そうな虫の意。

癪に障る（しゃく さわ）不愉快に感じられて腹が立つ。

「一（言葉・態度）／自慢ばかりで一」

＊「癪」は胸または腹に生じる、差し込むようなけいれん痛のこと。

癇に障る（かん さわ）神経を刺激されるようで、いら立たしく感じる。気に入らない。

＊「癇」はちょっとしたことにもいら立ち興奮しやすい性質のこと。

眉をひそめる（まゆ）【眉を顰める】他人の言動を不愉快に感じて、顔をしかめる。

「参加者の乱暴なふるまいに一」

＊眉を寄せる・眉根をひそめる・眉根を寄せる・眉を集めるともいう。心配事がある様子の形容にも用いる。

その他の表現

拗（す）ねる・いじける・機嫌が悪い・不機嫌・ご機嫌斜め・虫の居所が悪い

ネガティブな気持ち　不満だ・不愉快だ

53

くやしい

→ 後悔する／落ち込む・むなしい／不満だ・不愉快だ

基本の表現 [悔しい・残念だ・惜しい]

悔しい

悔しい
物事を望み通りにできなかったり恥ずかしい思いをさせられたりして、あきらめきれず、腹立たしく思う。
「負けてしまって―／ばかにされて―／―思いをする／悔しくて眠れない」
＊口惜しいとも書く。

口惜しい
残念だ。悔しい。
＊古風な言い方。

恨めしい
残念だ。情けない。
「自分の力の無さがなんとも―／恨めしそうな顔で見ている」

歯ぎしり
【歯軋り】悔しがったり怒ったりして、奥歯を強く噛み合わせて音を立てること。
「―して悔しがる」

歯噛み
悔しがったり怒ったりして、奥歯を強く噛み合わせて音を立てること。歯ぎしり。
「―をして悔しがる」

切歯扼腕
ひどく残念がったり怒ったりする様子のたとえ。
「トップの座を奪われ―する」
＊「切歯」は歯ぎしりや歯噛み、「扼腕」は自分の腕を強く握りしめること。『史記』の故事から。

地団駄を踏む
悔しさや怒りのあまり、激しく地面を踏む。
「地団駄を踏んで悔しがる」

唇を噛む
悔しさや怒りをこらえる。
「受賞をまた逃したと知り、作家は唇を噛んだ」

吠え面をかく
悔しがって声を上げて泣く。
泣くほど悔しがる。
「あとで―なよ」
＊「吠え面」は大声を上げて吠えるように泣く顔。

ごまめの歯ぎしり

【鱓の歯軋り】力のない者が悔しがっても、どうにもならないことのたとえ。
＊「ごまめ」はカタクチイワシの幼魚（田作り）のこと。

煮え湯を飲まされる

信頼していた人に裏切られ、ひどい目にあうことのたとえ。

残念 (ざんねん)
物事が希望や期待の通りにいかず、あきらめきれない気持ちが残ること。

「―に思う／―な(結果・状況・お知らせ)／きみを部から失うのは―だ」

惜しい (おしい)
①大切で、失いたくない。むだにしたくない。

「(時間・命)が―/―人を亡くした」

②もう少しのところでうまくいかず、残念だ。

「惜しくも入賞を逃した／最後の詰めが甘いのが―」

惜しむ (おしむ)
それを失うことを残念に思う。

「(行く春・別れ・若き才能)を―」

あたら 【可惜】
惜しくも。残念なことに。価値あるものが生かされないことを残念に思う様子。

「―(好機を逃した・素晴らしい人材を失った)／この才能を―埋もれさせてはならない」

心残り (こころのこり)
あきらめきれず、そのことを忘れられない様子。

「臨終に間に合わなかったのが―だ」

名残惜しい (なごりおしい)
別れるのがつらい。離れがたい。

「―が、ここでお別れしましょう」

残り惜しい (のこりおしい)
名残惜しい。心残りがする。

「この地を離れるのはいかにも―」

後ろ髪を引かれる (うしろがみをひかれる)
心が残って、その場所を去りがたい。

「―思いで出発する」

無念 (むねん)
どうにもならず、残念で悔しく思うこと。

「なんとも―だが、しかたない／逆転負けし、―の涙を流す／残念―」

遺憾 (いかん)
期待したようにならず、残念に思うこと。

「このような結果に終わり、誠に―に思います／―の意を表明する」

未練 (みれん)
物事や人に心が残り、あきらめきれないこと。

「別れた恋人に―が残る／これで―はない／―がましいことを言う」

痛惜 (つうせき)
非常に悲しみ、惜しむこと。

「―の念に堪えない／先生の急死は我々の―するところです」

愛惜 (あいせき)
大切に思い、惜しむこと。

「過ぎゆく夏を―する／青春への―の念」

*「哀惜」は人の死などを悲しみ惜しむこと。

痛恨 (つうこん)
非常に残念に思うこと。

「―の(極み・念・ミス・一撃)／生涯の一事〔=とても残念な出来事〕」

心外 (しんがい)
意外で不本意なことが起こり、残念に思うこと。

「そんなふうに言われるとは―だな」

泣くに泣けない (なくになけない)
あまりにひどくて、泣くぐらいでは気が済まない。

「こんなミスで予選敗退とは、―よ」

その他の表現

思いを残す・悔いを残す・思い残す・負け惜しみ

後悔する

→ くやしい／落ち込む・むなしい／不満だ・不愉快だ／恥ずかしい・照れる

基本の表現　┌ 後悔する・悔やむ ┐

後悔（こうかい） 自分のしたことを、後になって悔やむこと。

「一の(嵐・渦・連続)／顔に一の色が浮かぶ／一の念に(さいなまれる・駆られる)／一先に立たず」

悔やむ（くやむ） 自分の行動や失敗などを残念に思い、あれこれと思い悩む。

「(失言・失敗・浅はかさ・軽率な行為・不真面目に過ごした日々)を一／悔やんでも悔やみきれない」

悔いる（くいる） 悪事や過ちなどを反省し、これからはすまいと思う。

「(前非・罪・過去の過ち)を一／悔いのない学生時代を過ごしたい」

悔恨（かいこん） 自分の過ちを後悔し、残念に思うこと。

「一の(念・情・思い・涙)／深く一する」

悔悟（かいご） 自分の行為について悪かったと悟り、悔いること。

「一の(念・言葉・涙)／前非を一する」

後の祭り（あとのまつり） 時機を逃してしまい、手遅れでどうにもならないことのたとえ。

「今さら取り繕っても一だ」

＊「祭りが終わった後の山車（だし）」という意味から。

ほぞを噛む（かむ） 【臍を噛む】後悔する。もうどうにもならないことを悔やむ。

「だまされた自分の愚かさに一」

＊「ほぞ」はへそ。自分のへそを噛もうとしてもできないことから。

慚愧（ざんき） 自分のおこないを反省し、心から恥ずかしく思うこと。

「一の念に身を焦がす／過去を振り返ると一に堪えない〔＝心から反省し、ひたすら恥ずかしく思う〕」

＊慙愧とも書く。また、仏教語などとしては「ざんぎ」と読む。

やましい 【疚しい・疾しい】内心、「自分が悪い、良くない」と思うところがある。

「何か一ことでもあるのか」

後ろめたい（うしろめたい） 心にやましいところがあって、気が引ける。

「自分だけいい思いをして一」

後ろ暗い（うしろぐらい） 他人に知られたくない、やましいことがある。

「私には一ところは何もない」

その他の表現

自責の念・後ろ髪を引かれる

落ち込む・むなしい

→ 悲しい／さびしい／傷つく・不幸せだ

基本の表現 「落ち込む・がっかりする・
滅入る・自己嫌悪・むなしい」

落ち込む・むなしい

★たとえを使って

- 一度失敗したぐらいで、そんなに**気を落とす**なよ。
- 今回も当選できず、**力を落とした**。
- かわいがってくれた叔父が亡くなったと聞き、**肩を落とす**。
- 思うような結果が出なくて、**ため息をつく**。
- 母の余命を知らされ、**目の前が暗くなった**。
  *目の前が真っ暗になるともいう。

★オノマトペで

- せっかく作った料理を残されてしまって**がっかり**した。
- 病の再発を告げられ、**がっくり**する。
- 手ひどく怒られて**しょんぼり**している。
- 断られた上に説教されて、**しおしお**と帰っていった。
- ひどい失敗をして**しゅんと**なる。
- 相手にまったく歯が立たず、**すごすご**と引き下がった。

失敗するなどして落ち込む

落ち込む〔お〕〔こ〕 期待や希望がかなわず、気持ちがすっかり沈んでしまう。
「失恋して**落ち込んでいる**」

気落ちする〔き〕〔お〕 がっかりして気力をなくす。
「続けてヒットを打たれて**気落ちした**」

挫ける〔くじ〕 困難にぶつかったり物事がうまくいかなかったりして、勢いや気力をなくす。
「**挫けず**に挑戦を続ける」

へこむ 落ち込む。意気消沈する。〔俗語〕
「しかられて―／ミスが続いて**へこん**でいる」

めげる 落ち込む。弱気になる。くじける。〔俗語〕
「徹底的に負かされて**めげて**しまった／**めげず**に次回もがんばります」

しょげる【悄気る】失敗したりがっかりしたりして元気を失う。しゅんとする。
「叱られて―／姉は試験に続けて落ちて**しょげ**返っている」

うなだれる 落胆や失望、悲しさなどから、首を力なく前に垂れる。
「反省して―／**うなだれて**説教を聞く」

57

萎れる （しおれる）

物事がうまくいかず、元気をなくする。

「ひどく叱られて萎れている」

打ち萎れる （うちしおれる）

物事がうまくいかず、すっかり元気をなくする。

「恋人に別れを告げられ、—」

打ちひしがれる 【打ち拉がれる】

非常にショックを受け、意欲や気力をすっかり失う。

「夫を亡くした悲しみに—／（絶望・無力感・悲報）に—」

打ちのめされる

立ち上がれないほどひどいショックを受ける。

「（敗北感・無力感・絶望・屈辱・現実・悲しみ）に—」

腐る （くさる）

物事がうまくいかず、やる気をなくする。

「気が—／志望校に落ちてすっかり腐っている」

落胆 （らくたん）

期待どおりにならず、気落ちすること。

「試験に落ちて—する／結果を聞き、—を隠せなかった／—の（色・表情）」

失意 （しつい）

望みがかなわず、すっかり気力をなくす様子。

「—の（どん底・表情・日々）／—のあまり自暴自棄になる」

絶望 （ぜつぼう）

希望をまったく失うこと。

「人生に—する／今シーズンの復帰は—的だ／—感に覆われる」

失望 （しつぼう）

期待が外れ、がっかりすること。希望を失うこと。

「（現実・前途・現政権）に—する／—を（味わう・抱く・覚える・深める）」

滅入る・鬱っぽくなる

滅入る （めいる）

元気がなくなり、憂鬱になる。陰気な気持ちになる。

「雨続きで気が—／—ような音楽」

塞ぐ （ふさぐ）

心配事などのために、気が晴れず憂鬱になる。

「（気・心・胸）が—／あの知らせを聞いて以来、ずっと塞いでいる／彼女はすっかり塞ぎ込んでいる」

沈む （しずむ）

暗く憂鬱な気持ちになる。

「（悲しみ・憂い・物思い）に—／沈んだ（顔・声・表情・様子）」

物憂い （ものうい）

なんとなく心が晴れない。けだるい。

「—（気分・午後）」

やりきれない

どうにかしたいがどうしようもなく、つらい。

「凄惨な事件のニュースが続いて—」

鬱 （うつ）

心が晴れず、気が塞ぐ様子。また、鬱病や抑鬱症状のこと。

「気—〔＝気持ちが塞ぐこと〕／—を散じる／最近—っぽい」

鬱々 （うつうつ）

心が晴れ晴れしない様子。

「気持ちが—として楽しめない」

憂さ （うさ）

物事が思うようにならず、晴れ晴れしない心持ち。

「思い切り歌って—を晴らす」

くさくさ

面白くないことがあるなどして、心が晴れない様子。

「文句ばかり言われて気が—する」

58

悄然

しょうぜん 元気がなく、しょんぼりしている様子。

「―と(たたずむ・立ち去る・うつむく・うなだれる)／結果を聞き、落胆して―としている」

意気消沈

いきしょうちん 意気込みがくじけ、元気をなくすこと。

「試みがうまくいかず、すっかり―している」

＊意気銷沈とも書く。また、意気阻喪ともいう。

自分が嫌になる

情けない

なさ 期待外れで嘆かわしい。がっかりだ。

「こんな自分が―／―結果に終わる」

無力感

むりょくかん 自分に力がないと感じる、むなしい気持ち。

「―を抱く／―にさいなまれる」

劣等感

れっとうかん 自分が他人より劣っていると感じる気持ち。

「友人に対して―を(持つ・抱く)」

自己嫌悪

じこけんお 自分で自分が嫌になること。

「暴言を吐いてしまい、―に陥る」

自信喪失

じしんそうしつ 自信をなくすこと。「新人に負け、―してしまった」

むなしい

むなしい

【空しい・虚しい】物事に対して意義や価値を感じられない。むだである。

「―(努力・言葉・気持ち)／むなしく時がすぎる／人生に**むなしさ**を感じる」

空虚

くうきょ 内容や価値がない様子。充実感がない様子。

「―な(生活・言葉・理論)」

虚無的

きょむてき 人生や世の中を虚しい物だと考える様子。

「―な(世界観・考え・人)」

ニヒル

虚無的である様子。

「―な(人・笑い・思想)」

うつろ

【空ろ・虚ろ】内容や意味がなく、むなしい様子。

「弁解の言葉が―に響く」

無常

むじょう すべてのものは生じては滅び移り変わっていき、永遠不変のものはないこと。人の世のはかなさをいう言葉。[仏教語]

「諸行―／―の世／―を感じる」

はかない

【儚い・果無い・果敢無い】不確かで、当てにならない。あっけなく消えてしまう。

「―(命・人生・恋・望み)」

はかなむ

【儚む・果無む】はかないと思う。

「世を**はかなんで**出家する」

朝露

ちょうろ 朝方に降りる露。あさつゆ。消えやすいことから、はかないもののたとえ。

「人生は―のごとし」

その他の表現

へこたれる・まいる・虚脱・無気力・冴(さ)えない・浮かない・辛気臭(しんきくさ)い・アンニュイ・ブルー

さびしい

→ 悲しい／落ち込む・むなしい

基本の表現 [寂_{さび}しい・孤独_{こどく}]

★たとえを使って

- 親友がいなくなってしまい、**心にぽっかりと穴が空いたようだ。**
  - ＊**胸に穴が空いたよう**ともいう。
- 子供たちが出て行って、家の中は**火が消えたようだ。**
- **歯の抜けたような**商店街。
- 不景気で店は**閑古鳥が鳴いている**〔＝客が来ず、はやらない様子〕。
- 昔は有名レストランだったが、今は**門前雀羅_{もんぜんじゃくら}を張っている。**
  - ＊人が訪れず、門前では雀が遊んで網を張って捕らえられるほどである意。寂れた様子のたとえ。
- 妻の死後、**形影_{けいえい}相弔_{あいむら}って**暮らしている。
  - ＊自分の体と影が慰め合う意。孤独で寂しい様子のたとえ。

寂_{さび}しい ①心の通う人やものがなくて満たされず、心細い。
「親友が引っ越して―／ひとりぼっちの―生活／**寂しげな**後ろ姿」
②あってほしいものがなくて、物足りない。
「(口・懐_{ふところ})が―」
③人気がなく、ひっそりしている。

「―(山道・裏通り)」
＊**さみしい**ともいう。

物寂_{ものさび}しい なんとなくさびしい。うらさびしい。
「―(光景・村・メロディー)」

うら寂_{さび}しい 【心寂しい】なんとなくさびしい。ものさびしい。
「―(通り・港町・思い)」

侘_{わび}しい 心を慰めるものがなく、寂しい。風景などが寂しく貧しい感じを与える。
「―生活／ひとり**侘しく**暮らす／―(景色・食事・アパート)」

心細_{こころぼそ}い 頼りになる人や物がなく、不安に感じられる。
「一人で行くのは―／現金がこれだけでは―」

人恋_{ひとこい}しい 人に会いたい、人と一緒にいたいという気持ちだ。
「旅先で**人恋しく**なる／―季節」

切_{せつ}ない 寂しさや悲しさ、恋しさなどで、胸が締めつけられるような気持ちだ。やるせない。
「―(気持ち・曲)／物寂しい海の景色に**切なくなった**」

寄る辺ない
_{よ　べ}

頼りにできる人や所。

「一身の上」

＊寄る方ないとも書く。

寂れる
_{さび}

活気がなくなり、寂しくなる。

「この町もすっかり寂れてしまった」

＊荒びれるとも書く。

しんみり

寂しさや悲しみの気持ちにしみじみ浸る様子。

「別れの言葉に一する」

しめやか

湿気を帯びたように物悲しく、寂しく感じられる様子。

「葬儀は一に執り行われた」

寂しい気持ち

孤独
_{こ　どく}

頼る人や心の通う人がなく、ひとりぼっちである様子。

「一な(生活・生涯・少年・戦い・魂)／一に(生きる・耐える・さいなまれる)」

索漠
_{さく　ばく}

心を慰めるものがなく、荒涼として寂しい様子。

「一とした(心持ち・風景・町)／秋風一
〔＝秋風の吹く頃になり、自然の勢いが衰えて物寂しくなる様子〕」

＊索莫・索寞とも書く。

落莫
_{らく　ばく}

物寂しい様子。

「一とした思い／一たる冬景色」

寂寥
_{せき　りょう}

ひっそりとして物寂しい様子。

「暮れゆく町に一を覚える／一感が吹き抜ける」

寂寞
_{せき　ばく}

ひっそりとして寂しい様子。

「一とした笛の音／一たる光景」

＊じゃくまくともいう。

ぽつねんと

ひとりだけで何もせずいる様子。

「皆から離れ、ひとり一座っている」

秋思
_{しゅう　し}

秋に感じる物寂しい思い。

「拝啓　一の候／一の季節」

寂しい風景

殺風景
_{さっ　ぷう　けい}

景色などが単調で、味わいや温かみがない様子。

「一な(部屋・町・眺め)」

寂々
_{じゃくじゃく}

ひっそりとして物寂しい様子。

「一として人影一つない」

＊せきせきともいう。

蕭々
_{しょうしょう}

風や雨の音、葉の落ちる音などが物寂しく感じられる様子。

「雨一／一たる秋雨／一と風が吹く」

蕭条
_{しょうじょう}

風景がひっそりとして物寂しい様子。

「一たる冬の浜辺」

蕭然
_{しょうぜん}

がらんとして物寂しい様子。

「町は寂れ、一として音もなかった」

荒涼
_{こう　りょう}

荒れ果てて寂しい様子。

「一とした(景色・原野・心)」

寒々
_{さむ　ざむ}

いかにも寒そうな様子。また、温かみや潤いのない様子。

「一とした(部屋・景色・空・気持ち)」

寥々
_{りょうりょう}

ひっそりとして物寂しい様子。

「一たる(景色・山村)」

その他の表現

小寂しい・ひとりぼっち・寂しがり屋・独り寝・ロンリー・ロンリネス・ホームシック・ぽつんと・ぽつりと

61

傷つく・不幸せだ

→ 悲しい／くやしい／落ち込む・むなしい／幸せだ

基本の表現 [傷つく・切ない・不幸せだ]

★たとえを使って「不幸せ」を表す
- 事故に事故が重なって、**泣き面に蜂**とはこのことだ。
- 経営不振の上に増税とは、**弱り目に祟り目**だよ。
- 雨に降られた上、たどり着いたら臨時休業とは**踏んだり蹴ったり**だ。
- **貧乏くじを引いて**、いちばん面倒な仕事を任された。
- あそこでやつに出会ったのが**運の尽き**だった。

傷つく

傷つく 心に痛手を受ける。気持ちや名誉などが損なわれる。
「(心・プライド・名誉)が**ー／傷ついた**心に優しい言葉がしみる」

傷つける 他人の心に痛手を負わせる。気持ちや名誉などを損なう。
「人の気持ちを**ー／**彼の言葉にプライドを**傷つけられた**」

傷心 傷ついた心。
「**ー**を(抱える・慰める)／**ー**の(身・日々・旅)／**ー**を物語る眼差し」

胸が塞がる 悲しみや心痛、不安などで胸が詰まったように感じる。憂鬱な気持ちになる。
「暗い気持ちに覆われ、**ー**」

胸がつかえる 悲しみや心痛、不安などで胸が詰まったように感じる。
「悲しみに**胸がつかえて**、言葉が出てこない」

切ない 悲しさや寂しさなどで、胸が締めつけられるような気持ちだ。やるせない。
「ひどいことを言われて**切なくなった**」

繊細 感情や感覚がこまやかである様子。デリケート。
「**ー**な(人・心・感受性)／あの人は**ー**で、批判されるとすぐに傷つく」

ナイーブ ①子供のように純粋・素朴である様子。
「**ー**な(少年・発想・意見)／政治の問題を**ー**に捉える」
②繊細で感じやすく、傷つきやすい様子。
「**ー**な(人・心)」

トラウマ ある体験によって心がひどく傷つけられ、その影響が長く残ること。心的外傷。
「幼い頃の事故が**ー**になっている」

62

＊トラウマを生むような体験を「外傷体験」という。

ハラスメント

嫌がらせ。相手を不快にしたり傷つけたりする言動。
「(セクシャル・パワー・モラル)—」

不幸せだ

不幸せ（ふしあわ） 幸せでない様子。運が悪い様子。不幸。
「—な人生／留学直前に病気にかかってしまったのは—だった」

不幸（ふ こう） 幸福でない様子。不幸せ。
「—な(出来事・人・一生・境遇)／—中の幸い」
＊「親戚に不幸があって…」など、近親者の死の意にも用いる。

不運（ふ うん） 運のめぐり合わせが悪いこと。
「—な(出来事・事故・人・境遇)／身の—を嘆く」

非運（ひ うん） 運が開けないこと。運に恵まれないこと。
「—に泣く／才能はあったのに、—の一生だった」

悲運（ひ うん） 悲しい運命。不幸な運命。
「—の(人・最期・生涯)／—を(嘆く・背負う・あわれむ)／事故で再起不能になるという—に見舞われる」

不遇（ふ ぐう） 実力や才能がありながら、運が悪くて世に認められないこと。
「—な(人生・余生)／—をかこつ〔＝不遇であると嘆く〕」

薄幸（はっ こう） 幸せに恵まれない様子。
「—の人生／—な人」

数奇（すう き） 運命のめぐり合わせが悪いこと。不運なこと。
「—な(運命・二人・人生)」
＊さっきということもある。また、運命が変化と波乱に満ちていることの意にも用いる。

日の目を見ない（ひ め み） 人や仕事などが、なかなか世に知られない。
「素晴らしい業績なのになかなか—」

逆境（ぎゃっきょう） 苦労が多く、不運な境遇。
「—に(耐える・めげない)／—を乗り越える」

因果（いん が） 宿命的に不幸だったり不運だったりする様子。
「—な(商売・身の上)／わざわざそんな苦労をして、きみも—な性分だ」

衰運（すい うん） 次第に衰えていく運命。
「—の一途をたどる」

世が世なら（よ よ） 自分にとって都合のいい時代であったならば。物事がもっとうまくいっていれば。
「—、私も今ごろは社長の身分なのだが」

その他の表現

感傷・センチメンタル・星回りが悪い・アンラッキー・アンハッピー・ハートブレイク

疲れる

→ 苦しい／がんばる／元気だ・無事だ

基本の表現　[疲(つか)れる・くたびれる]

★たとえを使って

- 今日は重労働で、**綿のように疲れた**。
  ＊疲れ切って全身に力が入らず、ぐったりしている様子。

- 旅先で、**足が棒になる**まで歩いた。

- 登山の帰り道、**膝が笑っている**。
  ＊傾斜の急な道を下る時などに、疲れて膝ががくがくする様子。

- ゴールイン後、選手は**肩で息をしながら**汗をぬぐった。

- 仕事がきつくて**あご(顎)を出した**。
  ＊歩きや走りで疲れて足腰が前に出ず、顎だけが前に出る様子。疲れ果てることのたとえ。

★オノマトペで

- 子供の遊び相手をして、**へとへとに**疲れた。

- 一日中てんてこ舞いで働いて、もう**くたくた**だ。

- **ふらふら**になるまで走った。

- さんざん泳いで疲れ切り、**ぐったり**している。

疲れる(つか) 体や心を使いすぎて体力や気力が弱まり、同じように続けられなくなる。くたびれる。

「(目・足・神経・気)が**―**／(生活・人生・育児)に**―**」

くたびれる 【草臥れる】体などを使いすぎて力や働きが弱まる。疲れる。

「一日中立ち仕事で**くたびれた**／ああ、**くたびれた**」

＊くだけた言い方。「くたびれた服」など、物の形容にも用いる。

疲労(ひ ろう) 体や精神、物質などが、使いすぎたために機能を低下させること。疲れ。

「(筋肉・肉体・金属・慢性)**―**／**―**が(たまる・蓄積する・重なる・抜ける)／足の**―**がまだ残っている」

疲労困憊(ひ ろう こん ぱい) ひどく疲れて苦しむこと。

「一日中忙しく、**―**した」

疲れ果てる(つか は) すっかり疲れてしまう。疲れ切る。

「家中を掃除して**疲れ果てた**」

疲れ切る(つか き) すっかり疲れてしまう。疲れ果てる。

「残業の後、**疲れ切って**帰ってきた」

しんどい 疲れを感じる。つらい。また、骨が折れる。

「今日は歩き過ぎて**―**／**―**仕事」

64

だるい 【怠い・懈い】疲れや病気などで体に力がなく、動くのがおっくうだ。
「昨日の疲れが残っていて—」

ばてる 疲れ果てて体力がなくなる。[俗語]
「あまりの暑さに—／マラソン大会ですっかり**ばてて**しまった」

くたばる 動けなくなるほどひどく疲れる。へたばる。
「仕事がきつく、**くたばった**」

へばる 疲れ果てる。へとへとになる。
「練習で**へばって**、翌日は寝ていた」

へたばる 疲れ果てて体力や気力が尽き、動けなくなる。
「ゴール前に**へたばって**棄権した」

へたる 疲れやショックなどで、尻をついて座り込む。
「それ以上走れず、その場に**へたって**しまった」

へたり込む 疲れやショックなどで座り込み、立てなくなる。
「仕事がようやく終わり、へなへなと**へたり込んだ**」

伸びる ひどく疲れて動けなくなってしまう。
「引っ越し疲れで、**伸びて**しまった」

精も根も尽き果てる 精力も根気もすっかり使い果たす。疲れ切って気力がなくなる。
「大仕事をようやく仕上げ、**精も根も尽き果てた**」

* 精根が尽きる・精根尽き果てるなどともいう。

気骨が折れる 細かく気を遣わなければならず、精神的に疲れる。気疲れする。
「—交渉／客商売は何かと—」

大儀 疲れなどのためにだるく、何もする気になれないこと。
「疲れ切って、食事をするのも—だ」
*「大儀な仕事」のように、面倒で手間のかかることの形容にも用いる。

過労 心身を使いすぎ、疲れが過度にたまった状態。
「—で倒れる／—死」

倦怠感 心身が疲れてだるい感じ。
「—が(ある・ひどい)」

人疲れ 人への応対や人づきあいなどのために疲れること。
「今日は来客が続いて—した」

気疲れ 人に気を遣ったり緊張したりして、精神的に疲れること。
「先生のお相手をして—した」

気苦労 あれこれ気を配ったり心配したりして、精神的に苦労すること。
「—が(多い・絶えない・続く)／受験生のいる家庭は何かと—がある」

心労 心配や悩み事のために、心に負担がかかって疲れること。
「—が(多い・絶えない・重なる・たたる)」

その他の表現

グロッキー・ぐたぐた

ネガティブな気持ち

疲れる

うぬぼれる

→ 自信がある／誇らしい／すばらしい・すぐれている

基本の表現 [うぬぼれる]

うぬぼれる 【自惚れる・己惚れる】自分が実際以上に優れていると思い、得意になる。
「自分が一番上手だとうぬぼれている」

うぬぼれ 【自惚れ・己惚れ】自分が実際以上に優れていると思い、得意になる気持ち。
「一が(ある・強い)／一を(あおる・満足させる)言葉」

思い上がる 自分のことを実際以上に偉いと思い込む。うぬぼれる。
「思い上がった(態度・言葉・気持ち)」

のぼせる 【逆上せる】自分に能力があると思い込んでいい気になる。
「あいつ、近頃のぼせている」
＊のぼせ上がるともいう。

おごる 【驕る・傲る】自分の優越した地位や才能などを誇って、他人を見下した勝手なふるまいをする。
「(権勢・成功・勝利)に一／一ことなく努力する／勝っておごらず負けて悪びれず」

おごり高ぶる 【驕り高ぶる・傲り高ぶる】他人を見下して高慢にふるまう。
「おごり高ぶった態度」

おごり 【驕り・傲り】おごる心。思い上がり。
「一が(ある・見られる・あらわれる)／一が身の破滅を招いた」

背負ってる うぬぼれている。思い上がっている。
「自己紹介欄に『イケメン』と書くなんて、ずいぶん一ね」

過信 力量などを実際より高く評価して、信用し過ぎること。
「自分の能力を一して失敗した」

慢心 うぬぼれていい気になること。
「一度成功したからと一して、ひどい失敗をした」

豪語 自信たっぷりに、大きなことを言うこと。
「日本一の腕前だと一する」

自信過剰 自信があり過ぎる様子。
「一な態度／一にも程がある」

手前味噌 自分のことを自分で褒めること。
「一を並べる／こんなことを言うと一になりますが、本当によくできた娘です」

＊自家製の味噌の味を自慢すること
から。

自画自賛〔じ が じ さん〕
自分のしたことなどを自分で褒めること。

「素晴らしい出来だと―する」

＊自分が描いた絵に自分で賛〔＝その絵に関する詩歌や文章〕を入れることから。**自画自讃**とも書く。「自我自賛」と書くのは誤り。

我褒め〔われ ぼ〕
自分のことを自分で褒めること。

「―が過ぎる」

見せびらかす〔み〕
自慢げに人に見せる。

「（新しい服・恋人）を―」

ひけらかす
他人に対して得意げに示す。

「（知識・才能・教養）を―」

鼻に掛ける〔はな か〕
自慢する。得意がる。

「連続入賞を**鼻**に掛けている」

鼻を高くする〔はな たか〕
得意げにふるまう。

「最近、ちょっと成績がいいからと**鼻を高くして**いる」

小鼻をうごめかす〔こ ばな〕

得意げな表情をする。
「**小鼻をうごめかし**ながら自慢話をする」

うぬぼれている人

うぬぼれ屋〔や〕
【自惚れ屋・己惚れ屋】うぬぼれが強い人。うぬぼれがちである。

「彼は―の嫌いがある」

天狗〔てん ぐ〕
（高く評価されたりした時に）うぬぼれて高慢になること。また、その人。

「ちょっと褒められて―になった／釣り―〔＝釣りの腕前を自慢する人〕」

＊天狗は鼻が高いことから。

唯我独尊〔ゆい が どく そん〕
世の中に自分ほど優れた存在はないとうぬぼれること。

「彼は―で絶対に人の意見を聞かない」

ナルシスト
うぬぼれ屋。自己陶酔の傾向がある人。

「この作家は―として有名で、批判されることをひどく嫌った」

＊水面に映った自分の姿に恋焦がれたギリシャ神話のナルキッソスに由来する言葉。**ナルシシスト**ともいう。

その他の表現

自己満足・誇大妄想・夜郎自大・自意識過剰・裸の王様・御山の大将・お高くとまる

さまざまな
気持ち

おどろく・あきれる

→ 心引かれる・共感する／感動する

基本の表現 [驚く・思いがけない・呆れる]

★「目」のたとえを使って
- 手品の技を目を丸くして見ている。
- あまりの値段の高さに、目が点になった。
- 衣装の美しさに目を見張る。
- 新聞記事の中に旧友の名前を見つけ、目を疑った。
- 高額の請求書に目を白黒させる。
- あのじゅうたんは目玉が飛び出るほど値段が高かった。

★その他のたとえを使って
- 古ぼけた器が由緒ある骨董品だと知り、腰を抜かすほど驚いた。
- プロの技術の高さに舌を巻く。
- 突然の意外な知らせに耳を疑った。
- 課長が来月転勤とは寝耳に水だ。
- 海のあまりの美しさに息を呑んだ。
- サーカスの危険な曲芸に声を呑む。
- 幽霊かと思って肝を潰したよ。
- 車輪がスリップしそうになり、肝を冷やした。
- あわや崖から落ちるかと思い、寿命が縮んだ。
- 亡くなったと思っていた友の姿を見つけ、心臓が止まるかと思った。
- 真実を告げられ、雷に打たれたような衝撃を受けた。
- 山でクマのものらしき足跡を見つけ、泡を食って逃げ出した。
- 突然名前を呼ばれて、鳩が豆鉄砲を食ったような顔をしている。
  * 驚いて目を丸く見開き、きょとんとしている様子。「鳩が豆鉄砲を食らったよう」の形でも用いる。

★オノマトペで
- 彼女の入賞は町中をあっと言わせた。
- 友の変わり果てた姿にぎょっとする。
- 今日の夕日ははっとするような美しさだった。
- 心中を言い当てられてどきっとした。
- 突然の物音にびくっとする。
- 証拠が見つかりそうになり、ぎくっとする。
- みな、彼の早食いぶりを口をあんぐりとあけて見ていた。

おどろく

驚く 思いがけないことに出会って、心に衝撃を受ける。
「（大きな物音・突然の知らせ・子供の成長の速さ）に―／―べきニュース／この子は―ほどよく食べる」

びっくり

意外なことや突然のことにとても驚く様子。

「旅先で旧友に出会って—した／—仰天／—箱」

＊吃驚・喫驚と当てて書くこともある。

たまげる

【魂消る】非常に驚く。びっくりする。

「彼女の変貌ぶりには**たまげた**／**たまげた**ことに……」

＊「たまぎえる」の音変化した語。

仰天
ぎょうてん

思いがけない出来事に、ひどくびっくりすること。

「意外なニュースに—した／びっくり—」

愕然
がくぜん

非常に驚き、衝撃を受ける様子。

「恩師の訃報に—とする」

絶句
ぜっく

驚きや悲しみのために言葉が出なくなり、声を詰まらせること。

「事故の知らせに—した／あまりの美しさにしばし—」

動転
どうてん

非常に驚いて、落ち着きを失うこと。

「気が—する／あまりのショックで—している」

驚愕
きょうがく

非常に驚き、大きな衝撃を受けること。

「事実を知らされて—する／—の(表情・声・色)」

驚嘆
きょうたん

素晴らしさに驚き、感心すること。

「見事な技に—する／—の声を上げる／彼女の業績は—に値する」

＊驚歎とも書く。

瞠目
どうもく

驚いたり感心したりして、目を見張ること。

「—すべき出来栄え／—に値する成果」

驚き入る
おどろきいる

素晴らしさなどにひどく驚き、感心する。

「サーカス団の不思議な技に—／彼の記憶力のよさには—ばかりだ」

恐れ入る
おそれいる

素晴らしさなどに驚き感心して、かなわないと思う。

「きみの手腕には—よ」

＊「彼の頑固さには恐れ入った」などのように、あまりのひどさにあきれる意にも用いる。

衝撃
しょうげき

意外な出来事などによって引き起こされる、心の激しい揺れ動き。

「強い—を(与える・受ける・覚える)／そのニュースは国民に大きな—を与えた／—の事実」

震駭
しんがい

非常に驚き、恐れて震え上がること。

「世を—させた大事件」

喫驚
きっきょう

驚くこと。

「事の真相を知り、皆—した」

＊吃驚とも書く。また、—驚を喫するともいう。

驚倒
きょうとう

倒れてしまうほど驚く。

「グランプリ獲得の報に—する」

胸を突かれる
むねをつかれる

驚かされ、心を強く打たれる。

「事実を言い当てる子供の一言に**胸を突かれた**」

* と胸を突かれるともいう。「と胸」は
「胸」を強めた言い方で、驚いてど
きどきする胸を表す。

思いがけないことにおどろく

思いがけない 思ってもみな
かった。予想
しなかった。
「―(出来事・事態・言葉・展開)」

思いの外 考えていたことと実際
とが違う様子。
「―の好反応／―多くの客が来た」

意外 考えていたことと実際とが違う
様子。思いの外。
「―な(事実・展開・結末・言葉)／―に
も彼が参加した／今日は―に暑い」

予想外 予想しなかった状況になる
様子。意外。
「―(の・な)(展開・結末・収穫)」

意想外 そうなるとは思っていな
かった状況になる様子。
予想外。
「―の(展開・成績・反応)／大会が中
止になるとはまったく―だった」

存外 物事の様子や程度が、思って
いたのと違う様子。
「―の好成績を収める／検査は―早
く終わった」

慮外 考えていなかったことである
様子。
「―(の・な)(出来事・結果)」

心外 思いもよらないこと。予想や
道理に反する事態となり、残
念に思ったり腹を立てたりする様子。
「―な(出来事・結果・評価・言葉)／そ

んなふうに言われるとは―だ」

望外 望んでいた以上に良い様子。
「―(の・な)(幸せ・喜び・栄誉)」

ひょんな 思いがけないことであ
る様子。意外な。
「―ところで上司に出会った／―こと
から仕事を手伝うことになった」

豈図らんや 意外にも。どうし
てそうなることを
予想しただろうか。

不慮の 思いがけない。意想外の。
「―(事故・死・災難・事態)」
* よくないことについて用いる。

面食らう 突然の出来事に驚き、
とまどう。
「いきなり指名されて面食らった」

毒気を抜かれる 相手に驚
かされて
気勢をそがれる。
「苦情を言うつもりが、相手ののんき
な応対に毒気を抜かれてしまった」
* とくに、相手をやり込めようと意
気込んでいたところを、予想外の
出方をされてあっけにとられ、気
勢をそがれる様子をいう。「毒気」は
「どっき」ともいう。

青天の霹靂 突然起こった大事
件や変動。とても
思いがけない出来事。
「主役への大抜擢は―だった」

人をおどろかせる

意表を突く 相手が思ってもみ
なかったことを仕
掛けて驚かせる。

「―作戦／横からの反撃に**意表を突かれた**」

耳目を驚かす

世間の人々を驚かせる。

「―大事件」

一泡吹かせる

相手が予想しないことをして驚かせ、うろたえさせる。

「きっと大逆転をして**一泡吹かせてやる**」

驚異的

驚くべきことである様子。それほど素晴らしい様子。

「―な(回復力・人気・成長・記録)」

衝撃的

人の心を激しく動かす様子。

「―な(事件・ニュース・事実)」

奇跡的

奇跡としか考えられないほど不思議だったり稀れだったりする様子。

「―な回復／―に一命をとりとめた」

驚天動地

世間の人々を非常に驚かせる様子。

「―の(出来事・大事件)」

＊天を驚かせ地を動かす意から。白居易の詩にある言葉から。震天動地しんてんどうちともいう。

ショッキング

人の心に強い衝撃を与える様子。どきっとさせる様子。

「―な(記事・事件・ニュース)」

インパクト

強い衝撃。強い印象や影響。

「―のある見出し／この商品の登場は業界に大きな―を与えた」

呆れる

あまりに意外なことに驚き、何の反応もできない。

「あまりの部屋の散らかりように―／**呆れてものも言えない**」

呆れ返る

すっかりあきれてしまう。あきれ果てる。

「あまりに突拍子もない話で**呆れ返った**」

呆れ果てる

これ以上ないほどあきれる。

「あいつの道楽ぶりにはまったく―／**呆れ果てて**言葉も出ない」

驚き呆れる

ひどく意外なことにびっくりし、呆然とする。

「弟の見事ないたずらに―」

呆気にとられる

意外なことに出会い、驚きあきれて何の反応もできない。

「突然立ち上がって部屋を出て行く姿を、一同**呆気にとられて**見送るばかりだった」

聞いて呆れる

当人が言っていたことや評判に比べて実情はひどく劣っていて、あきれてしまう。

「スポーツマンシップが―」

＊多く、「～が―」の形で用いる。

呆然

あっけにとられて、何もできずにぼんやりしている様子。

「変わり果てた町を見て―とする／―と立ち尽くす」

＊茫然とも書く。

さまざまな気持ち

おどろく・あきれる

73

啞然
<ruby>啞<rt>あ</rt></ruby><ruby>然<rt>ぜん</rt></ruby>

意外な出来事などに驚き呆れて、ものも言えない様子。
「意外な告白に—とした」

茫然自失
<ruby>茫<rt>ぼう</rt></ruby><ruby>然<rt>ぜん</rt></ruby><ruby>自<rt>じ</rt></ruby><ruby>失<rt>しつ</rt></ruby>

あっけにとられ、我を忘れてぼんやりする様子。
「突然の出来事に—する／—の体（てい）」
＊呆然自失とも書く。

放心
<ruby>放<rt>ほう</rt></ruby><ruby>心<rt>しん</rt></ruby>

あっけにとられるなどして、魂を抜かれたようにぼんやりすること。
「焼け跡を前に—して立ち尽くす／—状態」

開いた口が塞がらない
<ruby>開<rt>あ</rt></ruby>いた<ruby>口<rt>くち</rt></ruby>が<ruby>塞<rt>ふさ</rt></ruby>がらない

あきれ果てて物も言えない。
「2時間も遅刻するなんて、—よ」

二の句が継げない
<ruby>二<rt>に</rt></ruby>の<ruby>句<rt>く</rt></ruby>が<ruby>継<rt>つ</rt></ruby>げない

驚いたりあきれたりして、次の言葉が出てこない。
「また公約違反とは—」

狐につままれたよう
<ruby>狐<rt>きつね</rt></ruby>につままれたよう

意外な出来事に出会ってわけがわからず、ぼんやりする様子のたとえ。
「突然すべてがうまくいって、—だ／—な(顔・話・気分)」
＊「つままれる」は「つまむ(摘む・撮む・抓む)」の受け身形で、狐などに化かされる意。

ぽかんと

あっけにとられて、口を開けてぼんやりしている様子。
「ネコが魚をくわえて走って行くのを、ただ—して見ていた」

きょとんと

状況をとっさに理解できなくて、ただ目を開いている様子。
「突然名前を呼ばれて—する」

その他の表現

跳び上がる・躍り上がる・ぶったまげる・尻毛を抜かれる・思いも寄らない・よもや・まさか・驚き桃の木山椒の木・度肝を抜かれる

恥ずかしい・照れる

→ 緊張する／悪い・劣っている／自信がある／誇らしい

基本の表現 | 恥ずかしい・恥じらう・照れる・きまりが悪い

★たとえを使って

- 失敗連続で、穴があったら入りたい。
- 恥ずかしくて身の置き所がない。
- 彼にこんな姿を見せてしまい、私はもう消えてしまいたい。
- みんなの前で注意されて、消え入りたい思いだった。

★恥ずかしくて顔を赤くする様子

- からかわれて赤面する。
- 好きな人の前で真っ赤になる。
- 頬を紅潮させながら思いを伝えた。
- 派手に転んだところを見られて、顔から火が出る思いだった。
- 頬を染めて恋人を紹介する。
- 大げさに褒められて頬を赤らめる。
- 少女はさっと顔に紅葉を散らした。
  ＊恥ずかしさや怒りなどから、顔を赤くする様子のたとえ。
- 暴露され、彼女は満面朱を注いだ。
  ＊恥ずかしさや怒りなどから、顔を真っ赤にする様子のたとえ。

★オノマトペで

- 人影に隠れてもじもじしている。
- 恥ずかしくてどきどきしながら、思い切って声をかけた。

恥ずかしい 自分の欠点や失敗などが自覚され、人と顔を合わせられないと感じる。
「―(話・質問・格好・成績・過去)／字が汚くて―／恥ずかしそうにうつむく／お―限りです」

気恥ずかしい なんとなく恥ずかしい。きまりが悪い。
「自分から話しかけるのは―」

うら恥ずかしい なんとなく恥ずかしい。気恥ずかしい。
「何かと―年頃／こんな格好で―」
＊「うら」は心の意。漢字では心恥ずかしいと書く。

小恥ずかしい ちょっと恥ずかしい。
「あくびをしているところを見られ、小恥ずかしかった」

小っ恥ずかしい 「小恥ずかしい」のくだけた言い方。「ひどく恥ずかしい」の意にも用いられる。
「いい年をして、―奴だ」

恥じる 自分のおこないや欠点、失敗などを恥ずかしいと思う。

75

「(我が身・不明・不徳・無知)を—／委員長の名に**恥じ**ない行動／我がおこないに—ところはない」

恥じ入る

深く恥じる。恥ずかしいと思って恐縮する。

「自分の浅はかさに—」

恥を知る

恥ずべきことだと自覚する。恥を恥だと感じる心がある。

「卑劣な奴だ、**恥を知れ**」

羞恥

恥ずかしいと思うこと。

「人前に立たされて—を覚える」

羞恥心

恥ずかしいと感じる気持ち。

「—のかけらもない人」

廉恥

心が清らかで、恥を自覚する気持ちが強いこと。

「—を重んじる／—心／破—〔=恥ずべきことを平気でおこなう様子〕」

恥ずかしそうにする

恥じらう

恥ずかしそうにふるまう。恥ずかしがる。

「人前に出るのを—／頬を染めて—」
＊**羞じらう**とも書く。

恥じらい

恥じらうこと。恥じらう気持ち。

「—の色を見せてうつむく」
＊**羞じらい**とも書く。

はにかむ

恥ずかしそうな表情やしぐさをする。

「妹は**はにかん**で母の後ろに隠れた」

はにかみ

はにかむこと。恥ずかしがる気持ち。

「—屋／—がちな人」

含羞

恥ずかしがること。恥ずかしがる気持ち。はにかみ。

「—の笑み／顔に—の色を浮かべる」

照れる

照れる

自分のことが話題になったり褒められたりして、気恥ずかしく感じる。恥ずかしそうな態度や表情をする。

「人前で褒められて—／照れた(顔・表情)／照れ笑い」

照れ臭い

注目されたり褒められたりして恥ずかしい。

「スピーチをするのは—」

面映ゆい

顔を向けられないほど照れ臭い。

「授賞式でマイクを向けられ、なんとも**面映ゆ**かった」
＊顔を合わせるとまぶしく感じられる意から。

くすぐったい

褒められるなどして照れ臭く、むずむずする感じだ。

「そんなに褒められると—よ」

こそばゆい

くすぐったい。照れ臭い。

「朝礼で表彰されて—思いをした」

尻こそばゆい

変な褒められ方をするなどしてきまりが悪く、落ち着かない。

「大天才などと持ち上げられて—」
＊**尻こそばい**ともいう。

照れ隠し

気恥ずかしさなどを隠すためのしぐさや言葉。

「—にせき払いをする」

きまりが悪い

きまりが悪い
【決まりが悪い・極まりが悪い】体裁が悪く、なんとなく恥ずかしい。居心地が悪い。
「デート中に友人に見られて—」
＊心のおさまりが悪い意。**きまり悪い**の形でも用いる。

間が悪い
きまりが悪い。
「うわさ話をしていたら当人が通りかかり、—思いをした」

ばつが悪い
きまりが悪い。なんとなく場の具合が悪い。
「先生が転ぶところを見てしまい、**ばつが悪かった**」
＊「場都合」の略かといわれる。「罰が悪い」とは書かない。

面目ない

面目ない
相手の期待に応えられなかったり体面を保てなかったりして、恥ずかしく思う。合わせる顔がない。
「とんだ失態を見せてしまい—」

面目次第もない
「面目ない」を丁寧にいう表現。誠にお恥ずかしい。
「こんな結果に終わり—」
＊丁寧に言うときは「面目次第もありません」「面目次第もございません」。

合わせる顔がない
恥ずかしかったり申し訳なかったりして、会うのがつらいほどだ。
「こんな失敗をやらかして、皆に—」

顔向けができない
恥ずかしくて顔を合わせられない。合わせる顔がない。
「世間に—ようなことをするな」

不面目
周りに対する対面や名誉を失う様子。不名誉。
「教師が逮捕されるとは、なんとも—なことだ」
＊ふめんもくともいう。

不名誉
名誉を傷つける様子。
「—な(事件・記録・退陣)」

面伏せ
面目なく、顔をあげられないほど恥ずかしい様子。
「日頃のおこないを思うと—な気持ちになる」
＊**おもぶせ**ともいう。また、「面伏せ」に対し、名誉を回復することを「面起こし」という。

深く恥じる

慚愧
自分のおこないを反省し、心から恥ずかしく思うこと。
「—の念を抱く／彼にかけた苦労を思うと—に堪えない〔＝心から反省し、ひたすら恥ずかしく思う〕」
＊**慙愧**とも書く。また、仏教語などとしては「ざんぎ」と読む。

慚死
恥じて死ぬこと。また、死ぬほど深く恥じること。
「この裏切り行為は—に値する」

忸怩たる思い
自分のおこないなどについ

て、内心で深く恥じ入る思い。

「過去の発言を思い返すと―だ」

*「忸怩」は「忸怩たるものがある」などの形でも用いる。

恥ずかしくて汗をかく

汗顔〔かんがん〕 顔が汗にまみれるほど恥ずかしく感じること。

「まったくもって―の至りです」

冷や汗もの〔ひやあせもの〕 冷や汗をかくほど恥ずかしい、または危うい行為や言葉。

「彼の発表は間違いだらけで見ているほうも―だった」

冷汗三斗〔れいかんさんと〕 ひどく冷や汗をかくほど恥ずかしかったり恐ろしかったりすること。

「こんな恥をさらして、―の思いだ」

「恥」のいろいろ

恥〔はじ〕 ①恥ずかしいと感じること。

「―を(かく・知る・さらす・捨てる)／―を忍んでお尋ねします／―も外聞もない〔=恥ずかしいと思うことも、人目を気にすることもない〕」

②恥じるべき行為や事柄。

「―を―とも思わない／―家の―」

赤恥〔あかはじ〕 人前でかく、ひどい恥。

「無知をさらして―をかいた」

*赤っ恥ともいう。

大恥〔おおはじ〕 とてもひどい恥。

「人前で―をかかされた」

生き恥〔いきはじ〕 なまじ生きているためにかく恥。

「―をさらす」

死に恥〔しにはじ〕 死んだ後にも残る恥。

「生き恥さらしても―さらすな」

汚点〔おてん〕 不名誉な事柄。

「民主国家の歴史に―を残す」

汚名〔おめい〕 不名誉な評判。悪名。

「―を(着せられる・すすぐ・そそぐ・返上する)」

恥ずかしがりの人・性格

恥ずかしがり屋〔はずかしがりや〕 何かと恥ずかしがる人。

「うちの娘はひどい―で……」

照れ屋〔てれや〕 すぐに照れる性分の人。はにかみ屋。

「きみはまったく―さんだね」

人見知り〔ひとみしり〕 子供などが、知らない人に対して恥ずかしがったり怖がったりすること。

「―しない子／―が激しい」

内気〔うちき〕 おとなしく、引っ込みがちな気質である様子。

「ひどく―で人前では物も言えない」

シャイ 内気で恥ずかしがり屋である様子。

「―な(人・性格)」

恥を知らない

無恥〔むち〕 恥を恥とも思わない様子。恥知らず。

「―な(人・ふるまい・おこない)」

厚顔無恥〔こうがんむち〕 ずうずうしくて恥知らずな様子。

「汚職事件の後で立候補するとは、

「一にも程がある」

破廉恥 _{は れん ち} 道義に反することなど、恥ずべきことを平気でおこなう様子。
「一な(人・ふるまい)」

恥知らず _{はじ し} 恥ずべきことをしながら、平然としていること。また、そのような人。
「一な(人・行為・言葉)／彼のような一は見たことがない」

恥曝し _{はじ さら} 恥を世間にさらけ出すこと。また、そのような人。
「一な(こと・まね)をする／いい一だ」

面汚し _{つら よご} その人の属する集団や社会の名誉を傷つけること。恥さらしとなること。
「一族の一だ」

名折れ _{な お} 名誉や名声が傷つくこと。
「武士の一」

どの面下げて _{つら さ} どのような顔をして。よくも恥ずかしくなく。
「あんな恥さらしなことをしておいて、一戻って来たのか」

恥ずかしげもなく _{はじ} 恥ずかしく思う様子もなく。
「一、よくも姿を見せられたものだ／歯の浮くようなことを一言う」

人に恥をかかせる

辱める _{はずかし} 名誉や体面を傷つけ、恥ずかしい思いをさせる。
「人前で辱められる／一流作家の名を辱めない出来ばえだ」

_{はずかし} はずかしめること。

辱め 「一を受ける」

恥辱 _{ち じょく} 名誉や体面を傷つけること。はずかしめ。
「一を(受ける・与える・忍ぶ)／一に耐える」

屈辱 _{くつ じょく} 押さえつけられ、恥ずかしい思いをさせられること。
「ひどい一を受ける／一に耐える／一感」

汚辱 _{お じょく} 汚点と感じられるような、ひどいはずかしめ。
「一を受ける／一にまみれた生」

侮辱 _{ぶ じょく} 相手を見下し、ばかにして恥をかかせること。
「人前で一された／一を(受ける・与える・加える)」

陵辱 _{りょうじょく} 相手の尊厳を傷つけ、はずかしめること。
「先住民は差別され、一を受けてきた」

雪辱 _{せつじょく} 恥をすすぐこと。特に、勝負などで以前負けた相手に勝つことで名誉を回復し、恥を消し去ること。
「一戦／優勝し、前回の敗北の一を果たした」

さまざまな気持ち

恥ずかしい・照れる

その他の表現

聞くは一時の恥、聞かぬは一生の恥・旅の恥は掻_かき捨て・肩身が狭い・立つ瀬がない

緊張する

→ 気楽だ・リラックスする／疲れる

基本の表現 緊張_{きんちょう}する・気後_{きおく}れする・かしこまる

さまざまな気持ち

緊張する

★「息」「気」「肩」の様子を描いて

- 堅苦しい会合で**息が詰まった**。
- 試合の行方を**息を凝らして**見守る。
- 友達を驚かせようと、物陰に隠れ、**息を殺して**待ち受ける。
- 本番が近づき、**気が張っている**せいか寒さも感じない。
- **気を引き締めて**出番を待つ。
- **肩の凝らない**軽い小説を読む。
- 部長との会議はどうも**肩が張る**。

★「○○を正す」のいろいろ

- **居住まいを正して**お話を伺う。
  *「居住まい」は座っている姿勢の意。
- **威儀を正して**記念式典に参列する。
  *「威儀」は礼儀や格式にかなった重々しい態度や動作の意。
- **姿勢を正して**御礼の言葉を述べる。
- **膝を正して**〔＝きちんと正座をして〕ご挨拶をする。
- **襟を正して**〔＝姿勢や服装をきちんと整えて〕結婚を申し込む。

★オノマトペで

- 発表会では**かちかち**になった。
- **がちがち**に緊張して、せりふをすべて忘れてしまった。

- 面接では**こちこち**になってうまく話せなかった。
- 憧れの人に会う時は**どきどき**する。
- **ぴりぴり**した空気が漂っている。
- 人の顔色をうかがって、いつも**おどおど**している。

緊張_{きんちょう} 慣れないことや困難なことを前にして、気持ちに緩みや余裕がなくなること。
「テストの前は―する／―を（ほぐす・緩める・和らげる）／―が（走る・高まる・増す・伝わる）」

硬くなる_{かた} 緊張して動作や言葉がなめらかでなくなる。
「社長の前で―／そう―なよ」

上がる_あ 緊張して気持ちがのぼせ、ふつうにふるまえなくなる。
「本番ではすっかり**上がって**しまって、うまく話せなかった」

萎縮_{いしゅく} 緊張や恐怖などのためにちぢこまること。
「上役の前で―し、返事もできない」
*「畏縮」と書くと「おそれてちぢこまること」の意味合いとなる。

息苦しい_{いきぐる} 息がしづらく感じるほど圧迫感や緊張感があ

る。
「—(雰囲気・沈黙)／話し合いの場は
息苦しかった」

こわばる 【強張る】固くなる。なめらかに動かなくなる。

「表情が—／顔を**こわばらせる**」

張り詰める
<ruby>張<rt>は</rt></ruby>り<ruby>詰<rt>つ</rt></ruby>める 気持ちなどを引き締める。緊張する。

「神経を**張り詰めて**作業する／**張り詰めた**雰囲気」

固唾を呑む
<ruby>固<rt>かた</rt></ruby><ruby>唾<rt>ず</rt></ruby>を<ruby>呑<rt>の</rt></ruby>む 事の成り行きを緊張しながら見守る。

「試合の様子を**固唾を呑んで**見守る」
＊「固唾」は緊張している時に口の中にたまるつば。

気後れする

気後れ
<ruby>気<rt>き</rt></ruby><ruby>後<rt>おく</rt></ruby>れ 相手の勢いに押されたり自信がなかったりして、心がひるむこと。

「知らない人ばかりで、—して何も話せなかった」

臆する
<ruby>臆<rt>おく</rt></ruby>する 気後れする。おどおどする。

「誰が相手でも**臆さず**に意見を言う」

気詰まり
<ruby>気<rt>き</rt></ruby><ruby>詰<rt>づ</rt></ruby>まり 相手や場の雰囲気になんとなく気持ちが抑えつけられ、窮屈に感じること。

「—な(空気・雰囲気・沈黙)」

気兼ね
<ruby>気<rt>き</rt></ruby><ruby>兼<rt>が</rt></ruby>ね 相手の思惑などを気にして、遠慮すること。

「隣近所に—する／お—なくお問い合わせください」

恐れ入る
<ruby>恐<rt>おそ</rt></ruby>れ<ruby>入<rt>い</rt></ruby>る 相手の厚意に対してありがたく、申し訳なく

思う。また、迷惑をかけて申し訳なく思う。

「お手数をおかけし、**恐れ入ります**」

恐縮
<ruby>恐<rt>きょうしゅく</rt></ruby>縮 恐れ入ること。

「過分なお褒めをいただき、—しております」

かしこまる・四角張る

かしこまる 相手をおそれ敬って、きちんとした態度をとる。特に、姿勢を正して正座する。

「先生の前で—／**かしこまった**(態度・顔・口調・挨拶)」

改まる
<ruby>改<rt>あらた</rt></ruby>まる きちんとした態度になる。堅苦しい態度をとる。

「**改まった**(口調・挨拶・服装・顔)／**改まって**要件を切り出す」

四角張る
<ruby>四<rt>し</rt></ruby><ruby>角<rt>かく</rt></ruby><ruby>張<rt>ば</rt></ruby>る 堅苦しい、生真面目な態度をとる。

「**四角張った**挨拶をする／そう**四角張らず**に気楽に話してください」

鯱張る
<ruby>鯱<rt>しゃちほこ</rt></ruby><ruby>張<rt>ば</rt></ruby>る 緊張して硬くなる。

「**鯱張った**(挨拶・態度・おじぎ)／そう**鯱張らず**に、まずは一杯」
＊**しゃっちょこばる・しゃちこばる・しゃちばる**ともいう。

がんばる

→ 忙しい／苦しい／疲れる

基本の表現 「 頑張る・努力する・張り切る・
励む・一生懸命・苦労する 」

★「力・全力」を使った表現
- 患者を助けるためにあらん限りの**力**を尽くす。
- 晩年の社長は経営の立て直しに**全力**を傾けた。
- 作品の完成に向けて**全力**を注ぐ。
- 仕事にも遊びにも常に**全力投球**する父は、私の人生のお手本だ。
- 組織の再建のため、**力の限り**働く所存です。
- 町の発展のために**全力を尽くす**。
- 最後の**力を振り絞って**走り抜いた。

★どんな努力?
血のにじむような 超人的な 常日頃の 長年の たゆまぬ 涙ぐましい 並々ならぬ ひたむきな 骨身を削るような 地道な 懸命な 無駄な 最大限の 不断の

★「○○を入れる」たとえを使って
- 本番前に**気合を入れる**。
- **気を入れて**仕事にとりかかる。
- これからは**身を入れて**勉強するつもりだ。
- 計画の実行にようやく**本腰を入れる**。
- **熱を入れて**練習に励む。

★たとえを使って
- **脇目も振らず**に作業を進める。
- **血のにじむような**努力を重ねて現在の地位を手にした。
- もう後はない、と**死に物狂い**で勉強する。
- **夜の目も寝ず**に看病をした。
- 母は**身を粉**にして働き私を育てた。
- 年末は社員一同**大車輪**で働く。
  - *「大車輪」は仕事に追われて一生懸命に働く様子のたとえ。

★オノマトペで
- 日夜**こつこつ**と努力を重ねる。
- **せっせ**と働いてお金を貯める。

頑張る（がんば）困難や障害に耐えて、物事を一生懸命やり抜こうとする。
「(一生懸命・必死で・死ぬ気で・死に物狂いで・歯を食いしばって・がむしゃらに・力を合わせて・全力を尽くして・全力で)—」

努力（どりょく）目的や目標に向けて、力を尽くして励むこと。
「計画の実現のために—する／—が(実る・実を結ぶ・報われる)／—を(重

82

ねる・続ける・惜しまない・怠らない・要する)」

努める
目的や目標を実現できるよう、力を尽くしておこなう。

「(安全の確保・サービスの向上・事故防止・環境の改善)に—」

粘る
あきらめず、がんばって根気よく続ける。

「粘りに—/最後まで粘って勝利を手にした」

踏ん張る
後退したり屈したりしないよう、こらえてがんばる。

「(土俵際・瀬戸際・最終回・ひとり)で—/ここが踏ん張り所だ」

一踏ん張り
もう少しだけがんばること。

「あと—で頂上だ」

尽くす
目的のため、または他人や社会のために精一杯物事をおこなう。

「(ベスト・全力・死力・最善・力の限り・手)を—/地域の発展に—」

張り切ってがんばる

張り切る
物事にとりかかるにあたって、元気や気力がみなぎる。意気込む。

「張り切って(仕事をする・出発する・机に向かう)」

意気込む
物事にとりかかるにあたって、やる気を出す。張り切る。

「今日こそ勝ってやると—/大変な意気込みで出かけていった」

気張る
張り切って、気力を奮い立たせる。

「今度こそ成功させる、と気張って取り組む/あまり—と後が続かないよ」

勇む
何かをするにあたって、やる気や勇気が湧いてくる。奮い立つ。張り切る。

「勇んで試合場に向かう/喜び—〔=喜びで気持ちが奮い立つ〕」

奮い立つ
やる気や気力が大いに湧く。

「助っ人の登場に—/へこたれるな、と自らを奮い立たせる」

奮起
やる気や勇気を奮い立たせること。

「やってやるぞと—する/—を(促す・期待する・呼びかける)」

発奮
やる気を奮い起こすこと。

「友人のがんばりを見て—する」
*特に、何かに刺激されてやる気を出すことをいう。発憤とも書く。

こつこつがんばる

励む
一生懸命に、精を出して物事をおこない続ける。

「(学業・勉学・勉強・仕事・練習・修行・稽古・研究)に—」

いそしむ
【勤しむ】仕事や勉強などをこつこつと、熱心におこない続ける。励む。

「(仕事・勉学・作業・研究・家事・読書・制作)に—」

打ち込む
集中し、全力を注いで物事をおこなう。

「(仕事・勉強・練習・創作)に—」

さまざまな気持ち

がんばる

83

精を出す

気力を出して一生懸命こつこつ仕事をする。

「朝から作業に—」

根を詰める

気力や精神を集中させ、がんばっておこない続ける。

「あまり—と体に毒だよ」

根気

物事を長く続けておこなう気力。

「—のいる作業／—よく仕事を続ける」

倦まず弛まず

飽きたり怠けたりしないで。

「—こつこつと作業を続ける」

寸暇を惜しんで

ほんの少しの時間も無駄にしないで。

「—勉強し、試験に合格した」

暇を盗んで

忙しいなかでもなんとか時間をつくって。

「—小説を描き続ける」

一生懸命がんばる

懸命

精一杯努める様子。

「—な努力を重ねる／—に看病する」

一生懸命

全力をあげて物事をおこなう様子。

「—がんばります／—に取り組む」

＊「一所懸命〔＝中世の武士がただ一つの領地を命がけで守って生活したこと〕」から出た言葉。

精一杯

力の限り。できる限り。

「—努力します／—の力を出す／完走するだけで—だ」

必死

死ぬ気で全力を尽くす様子。死に物狂い。

「—になって勉強する／—の(思い・形相・覚悟・努力・抵抗・訴え)」

ひたむき

【直向き】一つのことだけに心を傾け、一生懸命におこなう様子。

「大会に向けて—に練習する／—な(努力・姿・愛・態度・情熱)」

一途

一つのことだけに打ち込むこと。ひたむき。

「—に勉学に励む／仕事—に生きる」

しゃかりき

気負い立って一生懸命に物事をおこなう様子。

「なんとしても成功させる、と—になって働いた」

なりふり構わず

自分がどう見えるかを気にしていられないほど必死で。体裁などにこだわらず一生懸命に。

「生きていくために—働く」

＊「なりふり」は「形振り」と書き、身なりと振る舞いの意。

大わらわ

【大童】なりふりかまわず、夢中で一生懸命におこなう様子。

「会の準備に—だ／—になって働く」

＊兜を取って乱れ髪で奮戦するさまから。その様子が大きな童〔＝子ども〕のようだということ。

寝食を忘れる

寝るのも食べるのも忘れ、熱中して一生懸命おこなう。

「寝食を忘れて執筆に没頭した」

さまざまな気持ち

がんばる

84

全力（ぜんりょく）持っているすべての力。ありったけの力。
「―を（尽くす・挙げる・出す・傾ける）／計画に―で取り組む」

一心（いっしん）心を一つのことに集中すること。また、その心。
「人々を助けたい―で働く」

一意専心（いちいせんしん）ただ一つのことだけに集中すること。
「―研究に取り組む」
＊副詞的に用いる。

全身全霊（ぜんしんぜんれい）肉体と精神のすべて。
「勉学に―を（傾ける・捧げる・かける・傾注する・賭ける）」

遮二無二（しゃにむに）他のことを考えず、ひたすらに。がむしゃらに。
「目標達成のため―働く」

捨て身（すてみ）この身がどうなろうと構わない、と全力でおこなうこと。
「―で戦う／―の（覚悟・攻撃・勢い）」

命懸け（いのちがけ）命を捨ててもいい覚悟で物事に取り組むこと。
「―で（取り組む・働く・守る）／―の救出作業」

根限り（こんかぎり）根気の続く限り。全力で。
「―努力します」

苦労してがんばる

苦労（くろう）物事をおこなうために力を尽くし、苦しい思いをすること。
「―を重ねて会社を設立した」

苦心（くしん）物事をなしとげるために、あれこれと工夫したり考えたりすること。
「―して作り上げた作品」

腐心（ふしん）物事をなしとげるために、あれこれと心を悩ませること。
「よりよい製品を作るため―する」

骨を折る（ほねをおる）何かのために苦労し、力を尽くす。
「友人のために骨を折って働く」

尽力（じんりょく）目的のために力を尽くすこと。
「病院の建設に―した人物」

刻苦（こっく）自らの心身を苦しめて努力すること。
「―精励／―して学問を修める」

勉励（べんれい）学業や仕事などに一生懸命励むこと。
「刻苦―〔＝大変な苦労をして学業や仕事などに励むこと〕」

精進（しょうじん）一つのことに精神を集中して打ち込むこと。
「―を重ねる／この賞を励みに、今後もいっそう―いたします」

格闘（かくとう）困難なことに懸命に取り組むこと。
「数学の難問と―する」

奮闘（ふんとう）困難な事柄に対して、精一杯がんばって立ち向かうこと。
「町の環境改善のために―する」

粉骨砕身（ふんこつさいしん）力の限り努力すること。
「社会のために―した弁護士」

さまざまな気持ち ♥ がんばる

その他の表現

ファイト・人事を尽くして天命を待つ

85

困る

→ 悩む／迷う／焦る／心配だ／安心だ

基本の表現 [困る・行き詰まる・持て余す・とまどう・窮乏する]

★オノマトペで

• 頭ごなしに苦情を言われ、店員は**おろおろする**ばかりだった。
• 入り口がわからず、**まごまごする**。
• 急に発言を促されて**おたおたする**。
• 急ぎの業務が山積し、**あっぷあっぷ**している。
• 仕事に追われて**ひいひい**言っている。
• 英語で質問されて**へどもどする**。
• 問い詰められ、**しどろもどろ**になって答えた。

★たとえを使って

• 問題が山積みで、**頭を抱えている**。
• 道に迷ってしまい、**途方に暮れる**。
  ＊**前後に暮れる・前後に迷う**ともいう。
• 資金が尽きて、**二進も三進もいかなく**なった。
• ひどい渋滞にあった上にパンクしてしまい、**踏んだり蹴ったり**だ。
• 切符を落としたところに雨にも降られ、**弱り目に祟り目**だった。
• 恋人には振られる、志望校には落ちる、**泣き面に蜂**とはこのことだ。
• 注文が増えるのは助かるが、製造が追いつかなくて**嬉し痒**しだ。

• プロジェクトの進行は**壁に突き当たって**いる。
  ＊**壁にぶつかる**ともいう。
• 二国の交渉は**暗礁に乗り上げた**。
• 財政再建の行方は**五里霧中**だ。

★「手」のたとえを使って

• 放置自転車が多くて**手を焼いて**いる。
• 問題が難しすぎて**手も足も出ない**。
• ここまで客が減っては**お手上げ**だ。
• あの子の乱暴ぶりには**手が付けられない**。
• ここまでひどい事態になってしまっては、もう**手の打ちようがない**。
  ＊**手の施しようがない**ともいう。
• この仕事は私の**手に余る**〔＝自分の力ではどうにもできない〕。
• このいたずらっ子は、まったく**手に負えない**。
• 酔っぱらった父はまったく**始末に負えない**。
• ここに来て捜査は**手詰まり**になった。

困る ①望ましくない事態に直面し、どうしたらいいかわからなくなる。
「(返事・対応・判断)に—／ごみのポイ

捨てが多くて**困っている**」

②お金や物が足りなくて苦しむ。

「(金・生活・暮らし)に—」

弱る（よわる） 望ましくない事態に直面し、それをどうにもできなくて困る。

「**弱った**なあ、雨が降ってきた」

まいる 望ましくない事態が生じ、それをどうにもできなくて困る。

「姉の口うるささには—よ」

苦しむ（くるしむ） どうにもそれができず困る。「理解に—／判断に—」

困り切る（こまりきる） これ以上困りようがないほど困る。困り果てる。

「子供のいたずらに**困り切っている**」

困り果てる（こまりはてる） これ以上困りようがないほど困る。困り切る。

「カラスの害がひどくて**困り果てている**／万策尽きて—」

困り抜く（こまりぬく） 徹底的に困る。困りに困る。

「**困り抜いた**末に恩師に相談した」

弱り切る（よわりきる） どうにもしようがなくなり、非常に困る。

「いたずら電話がなくならず、—」

弱り果てる（よわりはてる） どうにもしようがなくなり、非常に困る。

「鍵をなくしてしまって—」

…あぐねる【倦ねる】なかなかうまく…できなくて困る。持て余す。

「愛犬を探し**あぐねて**隣町まで行って

みた／原稿を書き**あぐねて**散歩に出た／到着を待ち**あぐねて**ホームまで見に行く／自らの才能を持ち—〔＝持て余す〕」

＊…あぐむの形でも用いる。

行き詰まる

行き詰まる（いきづまる） 物事がそれ以上進まなくなり、困った状態になる。ゆきづまる。

「(仕事・計画・経営・交渉・話し合い・執筆)が—」

窮する（きゅうする） ①対応策がなくなり、行き詰まってどうにもならなくなる。

「(返答・言葉・説明・対応)に—」

②お金や物が足りなくて苦しむ。

「(生活・金・衣食・資金繰り)に—」

切羽詰まる（せっぱつまる） これ以上どうしようもないところまで追い詰められる。

「**切羽詰まった**状況／**切羽詰まって**まわりが見えなくなる」

匙を投げる（さじをなげる） 医者が、これ以上方法がないとして患者の治療をあきらめる。また、解決の方法がないとして物事をあきらめる。

「この仕事は難しすぎる、と—」

＊薬を調合する匙を投げ出す意から。

万策尽きる（ばんさくつきる） すべての方法をやってみたが解決せず、解決への道がなくなる。

「倒産回避のため手を尽くしたが、**万策尽きた**」

87

進退維谷まる
しん たい これ きわ

進むことも退くこともできなくなる。追い詰められ、どうしようもない状態になる。

「資金不足で**進退維谷まり**、外部に助けを求める」

＊『詩経』にある言葉。「谷」は窮まるの意。**進退窮まる**ともいう。

窮地
きゅう ち

逃れることのできない苦しい立場。

「—に(陥る・立たされる・追い込まれる)／—を切り抜ける」

苦境
く きょう

苦しい境遇や立場。

「—に(陥る・立つ・あえぐ)」

苦し紛れ
くる まぎ

すっかり困り、苦しさのあまりにすること。

「問い詰められ、—に口から出まかせを言ってしまった／—の言い訳」

持て余す

持て余す
も あま

うまく扱えず、困る。手に負えなくて困る。

「(暇・退屈・体力・エネルギー・泣く子)を—／豪華な設備を**持て余している**」

てこずる
【手子摺る・梃子摺る】

うまく扱えなくて困ったり、解決に手間どったりする。

「(難問・細かな修正・イヌを連れ帰るの)に—」

悩まされる
なや

対応策や解決策がなかなか見つからず、困る。

「隣の家の騒音に**悩まされている**」

泣かされる
な

とても困らされ、苦労させられる。

「(天候・故障・重税)に—／この子には**泣かされた**」

難渋
なん じゅう

物事をすらすら進めたり解決したりできず、困ること。

「帰り道で雪が降って—した／この本の翻訳は—を極めた」

難儀
なん ぎ

それをするのに困難や苦労、苦しみを感じること。

「山道に—をする／腰が痛くて歩くのも—だ／—な仕事」

閉口
へい こう

対応のしようがなく、困ること。手に負えず、まいること。

「(長話・暑さ・騒音)に—する」

辟易
へき えき

勢いや量の多さなどに圧倒されて、うんざりすること。閉口すること。

「油っこい料理ばかりで—する／あいつのうんちく話には—する」

往生
おう じょう

打開策が見つからず、困り果てること。

「通行止めにあって—した／立ち—」

困却
こん きゃく

困り切ること。困り果てること。

「よい策が浮かばず—する」

不如意
ふ にょ い

思い通りにならないこと。特に、経済的に苦しく困ること。

「人生とは—なものだ／手元—〔=家計が苦しく、手元に使えるお金がないこと〕」

とまどう

とまどう
【戸惑う】

とっさのことやよくわからないことなどに、どう対処したらいいかわからなくて困る。

「環境の変化に—／入口がわからなく

て―」

うろたえる
【狼狽える】突然、予想外の事態に見舞われ、どうしたらいいかわからなくてまごまごする。

「突然の(質問・出来事・来訪)に―/うろたえた(声・表情・様子)」

まごつく
突然の事態などにどうしたらいいかわからず、うろたえる。

「英語で話しかけられて**まごついた**」

困惑
こん わく
急な出来事などに、どうしたらいいかわからず、とまどい困ること。

「サインを頼まれて―する/―した表情」

当惑
とう わく
急な出来事などに、どうしたらいいかわからずとまどうこと。困惑。

「突然の頼み事に―する」

狼狽
ろう ばい
突然、予想外の事態に見舞われ、あわてうろたえること。

「嘘がばれて―する/周章―〔=ひどくあわて、うろたえること〕」

窮乏する

窮乏
きゅう ぼう
お金や物がひどく不足し、生活に困ること。

「戦争で民衆が―する/―にあえぐ」

困窮
こん きゅう
貧しくて生活に困ること。

「―した生活/父の失業で―に陥る」

貧窮
ひん きゅう
貧しくて生活に苦しむこと。貧困。貧苦。

「―のどん底にある」

窮迫
きゅう はく
行き詰まって困ること。特に経済的に行き詰まり困ること。

「財源が―する/―を訴える」

困苦
こん く
生活などに困り、苦しむこと。

「病と―に耐えて生きてきた」

食い詰める
く つ
借金や不品行などから収入がなくなり、生活に困る。

「食い詰めて実家を頼る」

食い兼ねる
く か
生活に困る。

「この給料では一家四人は―」

路頭に迷う
ろ とう まよ
生活の手段をなくし、ひどく困ることのたとえ。

「勤め先を失い、一家で―ばかりだ」

食い上げ
く あ
職や収入がなくなり、生活に困ること。

「(飯・おまんま)の―」

* 扶持米(家臣に与えられた給料としての米)を取り上げられることから。その結果、生活していくことができなくなること。

火の車
ひ くるま
経済状態が非常に苦しいこと。

「うちの家計は、実は―だ」

* 元は仏教語の火車で、罪人を地獄に運ぶ、燃えさかる車の意から。

その他の表現

困り入る・東西を失う・泥沼にはまる・ダブルバインド・ネック

しかたない

→ 迷う／困る／後悔する

基本の表現 ［ 仕方ない・止むを得ない ］

仕方ない
不満ではあるが、ほかに方法はないので、受け入れるしかない。しかたがない。
「雨では**一**、開催はあきらめよう」

如何ともし難い
どうにもできない。
「私の立場では**一**問題だ」

為す術がない
どうする手段も方法もない。どうにもできない。
「ここまで経営が悪化しては**一**」

為ん方ない
なすべき方法がない。しかたない。
「**為ん方なく**、泣く泣くあきらめた／今になって打ち明けて**一**ことだが」
＊**詮方ない**とも書く。

詮ない
それをしても無駄だ。無益だ。
「苦情を言っても**詮なく**、引き返してきた／今さら悔やんでも**一**ことだ」

止むを得ない
ほかにどうすることもできない。しかたがない。
「こうなっては中止も**一**／**一**事情」

止むない
止むを得ない。
「扱いに困り、**止むなく**処分した」

拠ん所ない
それよりほかにどうしようもない。止むを得ない。
「**一**事情で欠席します」
＊「拠り所がない」の変化した言葉。

余儀ない
それ以外に方法がない。止むを得ない。
「資金不足により、撤退を**余儀なくされる**／**一**事情／**余儀なく**引き受けた」

由ない
ほかにどうしようもない。しかたがない。
「時間が足りず、**由なく**あきらめた」

是非ない
いいとも悪いとも言っていられない。しかたがない。止むを得ない。
「家族に反対され、**是非なく**参加をあきらめる」
＊**是非もない**の形でも用いる。

背に腹は代えられない
差し迫った重要な事柄のためには、たとえ不本意であっても、ほかのことを犠牲にするのもしかたがない。
「**一**、先方の条件を受け入れよう」
＊背中には、内臓の収まっている大切な腹の代わりをすることはできない意から。

迷う

→ 悩む／困る

基本の表現 迷う・ためらう・葛藤する・優柔不断・混迷する

★オノマトペで

- いつまでも**ぐずぐず**と迷っていないで、さっさと決めなさい。
- **ぐじぐじ**と考え続けて、なかなか結論を出さない。
- 彼の考えはどうも**ふらふら**して定まらない。
- 友人に意見され、決心が**ぐらぐら**している。
- どれにしようかと、商品を**きょろきょろ**と見回す。

迷う

①道や方向がわからなくなる。わからなくてうろうろする。
「道に—／駅構内で—」
②決めることができない。どうしたらいいかわからない。
「(判断・選択・人生・進路・路頭)に—」

さ迷う

①あたりを迷い歩く。
②一定の場所にとどまらず、あちこち動く。
「生死の境を—」
③気持ちが落ち着かない。思い迷う。
＊彷徨とも書く。

思い迷う

心が定まらず、あれこれと考えて迷う。
「どうしたらいいかと—」

思い惑う

あれこれと考えて迷い、どうしたらいいかわからなくなる。思い迷う。
「進むべき道について—」

決め兼ねる

決めようとして、決められない。決断できない。
「どちらを採用するか**決め兼ねて**いる」
＊「…兼ねる」は「…しようとしてできない」意。

思いあぐねる 【思い倦ねる】

いくら考えても良い考えに至らず、困り果てる。考えあぐねる。
「思いあぐねて先生に相談してみた」
＊「…あぐねる」は「なかなかうまく…できなくて困る」意。「…あぐむ」の形でも用いる。→困る

ふらつく

①あてもなく歩き回る。
②気持ちがしっかり定まらず迷う。揺れ動く。
「二人の間で心が—／考えが—」

ぐらつく

決心や信念などに迷いが生じ、揺れ動いて定まらなくなる。
「友人の言葉を聞いて(決心・自信・信念・気持ち)が—」

91

ぐずつく
判断や態度をはっきりさせないままでいる。

「決心できずぐずついている」

途方（と ほう）に暮（く）れる
どうしたらいいかわからない。手段や方法に迷う。

「選択肢が多すぎて—」

＊前後に暮れる・前後に迷うともいう。

多岐亡羊（た き ぼう よう）
学問の道が多く分かれすぎて真理をつかみ難いこと。転じて、方針が多すぎて選べず、迷うことのたとえ。

「研究の道は—の感がある」

＊枝道が多く、逃げた羊を見失ったという『列子』の故事から。**亡羊の嘆**ともいう。

五里霧中（ご り む ちゅう）
（五里にわたる深い霧のなかにいるように）方向がわからなくなってしまうこと。見通しがつかず判断できないこと。

「就職したばかりの頃は、まったく—だった」

右往左往（う おう さ おう）
どうしたらよいかわからず、右へ行き左へ行きとあちこち動きまわること。

「うろたえて—している」

ためらう

ためらう　【躊躇う】
心を決めることができず、あれこれ考えて迷う。

「どちらを選ぼうかと—」

躊躇（ちゅう ちょ）
ためらうこと。

「誘われたが、参加を—してい

る／—なく実行する」

逡巡（しゅん じゅん）
決断できず、ぐずぐずと迷いためらうこと。

「行くか行かないか—している」

遅疑（ち ぎ）
疑い、迷ってすぐに心を決めないこと。ためらうこと。

「—逡巡（しゅんじゅん）〔＝ぐずぐずと疑い、ためらって心を決めないこと〕」

尻込（しり ご）み
恐怖や気後れなどから、それをすることを迷い、ためらうこと。

「道のりの長さに—する」

＊後込みとも書く。

二（に）の足（あし）を踏（ふ）む
思いきれずにためらうこと。

「入会を勧められたが、**二の足を踏ん**でいる」

後（うし）ろ髪（がみ）を引（ひ）かれる
心が残り、場を去りにくかったり、物事を思い切れなかったりすること。

「緑色にも**後ろ髪を引かれ**つつ、ピンク色のコートにした」

物事の間で葛藤する

葛藤（かっ とう）
二つの相反する感情や欲求の間で、どちらをとったらいいのか迷うこと。

「愛情と責任感の間で—する／—が（ある・生じる）／心に—を抱える」

＊英語では「コンフリクト」という。

板挟（いた ばさ）み
対立する二者の間に立ち、どちらにつくこともできなくて苦しむこと。

「義理と人情の—になる」

ジレンマ 二つの物事の板挟みになり、苦しむこと。

「生活と芸術の一に苦しむ／一に陥る」

心を奪われて迷う

惑う（まど） ①どうしたらいいか判断できず、心が乱れる。思い迷う。

「四十にして**惑わず**」

②心を奪われ、まともな判断ができなくなる。

「(利欲・誘惑・甘言)に一」

目が眩む（めがくらむ） 心を奪われ、まともな判断ができなくなる。

「(金・欲)に一」

血迷う（ちまよう） 感情がたかぶり、理性的な判断ができなくなる。

「何を**血迷って**そんなことを言うんだ」

気の迷い（きのまよい） ふと心が迷うこと。

「一時の一ですべてを失った」

惑乱（わくらん） 心が乱れ、判断力を失うこと。また、人の心をそのようにすること。

「政治家の巧みな言葉に一される」

決断できない

優柔不断（ゆうじゅうふだん） 迷ってばかりで決断力に乏しいこと。

「一な(性格・人物・態度)」

煮え切らない（にえきらない） 態度や判断がはっきりしない。

「一(態度・返事・口調)／まだ決心がつかないようで、生返事ばかりで一」

どっちつかず 二つのどちらにつくのか、はっきりせず曖昧な様子。

「一の返事／一な態度」

右顧左眄（うこさべん） 周りの人の考えや状況ばかり気にして、なかなか心を決めずに迷うこと。

「一して自分の意見を言わない」

*右を見たり左を見たりする意から。

混迷する

混迷（こんめい） 物事が混乱してしまい、見通しが立たなくなること。

「(政治・政局・経済)の一／一を(極める・深める・繰り返す・断ち切る)」

昏迷（こんめい） 道理を見失い、心が迷い乱れること。

「欲に目がくらみ、一の闇に陥る」

迷走（めいそう） なかなか方向性が定まらず、あちこちへ進路を変えて、落ち着き所が見えないこと。

「(政治・議論)が一する」

迷妄（めいもう） 道理に暗く、誤ったことを真実だと思い込むこと。

「一を打ち破る」

迷情（めいじょう） 欲望に動かされる迷いの心。[仏教語]

「悟りの境地には一は及ばない」

その他の表現

うろうろ・おろおろ

93

悩む

→ 迷う／困る／後悔する

基本の表現 ［ 悩む・苦にする ］

★「頭」のたとえを使って
- 友人に真実をどう伝えたらいいのか、頭を悩ませる。
- 仕事と家庭の両立に頭を痛める。
- 難問に、すっかり頭を抱えてしまった。

★オノマトペで
- くよくよと悩み続ける。
- ひとりでうじうじ考えてばかりいる。
- 家にとじこもり、悶々として日々を過ごす。

悩む どうしたらいいかわからず、あれこれ思って苦しむ。
「（人生・進路・恋・人間関係）に—」

思い悩む あれこれ考えて悩む。「進路について—」

思い詰める あることだけをひたすらに考え込んで悩む。
「思い詰めた表情／もう辞めるしかない、と—」

煩う あれこれと悩んで苦しむ。
「思い—／心に煩いがない」
＊「煩う」は心が迷い悩む意、「患う」は体が病気になる意に用いる。

思い煩う あれこれと考え、悩んで苦しむ。
「恋人との関係について—」

気に病む そのことをあれこれと考え、心配し続ける。
「ちょっとした失言をいつまでも—／そんなに—なよ」

思いあぐねる あれこれ考えてもどうしたらいいかわからず、困り果てる。考えあぐねる。
「思いあぐね、思い切って相談した」

思い乱れる あれこれと思い悩み、心が乱れる。
「恋の悩みに—／思い乱れて眠れない」

思い余る あれこれと悩み考えてもよい考えが浮かばず、耐えきれなくなる。
「思い余って、すべてを打ち明ける」

思案に余る あれこれと悩み考えてもよい考えが浮かばない。思い余る。
「思案に余り、先輩に相談した」

思案に暮れる どうしたらいいのかと考え、悩む。

「いい方法はないものか、と―」

思案投げ首
あれこれ悩んでも
よい考えが浮かば
ず、困っている様子。

「困ったねえ、と―の体〔てい〕だ」

＊「投げ首」は投げ出すように首を傾けること。

額に皺を寄せる
難しい問題などに
悩み、考え込んでいる様子。

「額に皺を寄せて計算問題を解いている」

眉をひそめる 【眉を顰める】
心に心配や悩みなどがあり、顔をしかめる。

「思い悩んで―」

＊眉を寄せる・眉根をひそめる・眉根を寄せる・眉を集めるともいう。他人の言動を不快に思う形容にも用いる。

悩ましい
①悩むことが多くあって苦しい。

「―青春の日々を送る」

②人を悩ませる。

「この問題は実に―」

頭が痛い
難しい問題に直面し、悩み困る様子。

「最近は出費が多くて―」

悩み苦しむ

苦にする
とても気にして思い悩むこと。

「ささいな失敗を苦にしてばかりいる／借金を―」

＊苦に病むともいう。

悶える
身がよじれるほどに思い悩んで苦しむ。

「許されない恋に―」

懊悩
悩みもだえること。

「罪の意識に―する」

苦悶
悩みなどのために苦しみもだえること。

「―に(満ちた・ゆがんだ・ひきつった)顔／恋の悩みに―する」

苦渋
思い通りに物事が運ばず、苦しみ悩むこと。

「―の色／―に満ちた表情」

苦慮
どうしたらいいかと悩み、あれこれ考えること。

「(品質維持・対応)に―する」

腐心
物事の実現や達成のためにあれこれ悩み、心を砕くこと。

「住民の懸念を払拭しようと―する」

悩乱
悩み苦しんで心が乱れること。

「嫉妬に苦しみ―の態〔てい〕となる」

煩悶
あれこれと思い悩み、苦しみもだえること。

「友情の板挟みになって―する」

憂悶
心配し、心を痛めて悩み苦しむこと。

「国の将来を思って―する」

屈託
あることが気にかかり、心が晴れないこと。何かについてくよくよと思い悩むこと。

「心に―がある／―のない笑顔」

その他の表現

いじいじ・ああでもないこうでもない

95

急ぐ・焦る

→ 忙しい／ゆっくりやる／腹が立つ

基本の表現 急ぐ・焦る・慌てる・じれったい・いらいらする

★「急ぐ」たとえやオノマトペを使って

- この患者は**一刻を争う**容体だ。
- 現地からの避難は**分秒を争う**。
- 知らせを受け、**押っ取り刀**で駆けつけた。
  - ＊「押っ取り刀」は、刀を腰に差す暇もなく、手に持ったままであること。大急ぎの様子のたとえ。
- 父が緊急入院したと聞き、**取るものも取り敢**えず病院に直行した。
- 地球温暖化への対応は**待ったなし**だ。
- 財布を忘れ、**あたふた**と家に戻った。

★「焦る」を「気」のたとえを使って

- **気が急**いて、早めに出発した。
- 遅れるのではないかと**気を揉**む。
- きみを待っている間、**気が気でな**かったよ。
- 合格者の発表まで、**気もそぞろ**だ。

いそぐ

急ぐ ①物事を短い時間でやろうとする。早く行動する。
「**急いで**仕上げる／（結論・解決・対策・復旧）を**一**／**急がば**まわれ」
②目的地へ早く着こうとする。早く進む。
「（先・道・帰宅）を**一**」

大急ぎ とても急いでいる様子。
「**一**の仕事／**一**で出発する」

急を要する 急いでやらなければならない。
「耐震設備への建て替えは**一**」

至急 とても急ぐこと。大急ぎ。
「**一**の案件／**一**ご連絡ください」

大至急 非常に急を要すること。「至急」を強めた言い方。
「この仕事は**一**で仕上げてほしい」

緊急 重大な事態となり、すぐに対応しなければならない様子。
「**一**（事態・措置・対策・避難・連絡）／**一**の用件／食料を**一**に輸送する」

早急 とても急ぐこと。至急。
「**一**に（取り組む・検討する）／**一**な（回答・対応・対処・設置）」
＊そうきゅうともいう。

火急 火がついた時のように、すぐに対応が必要であること。事態が非常に差し迫っている様子。
「**一**の用件／**一**の場合の避難路」

喫緊 とても大切で、差し迫っていること。
「少子高齢化は**一**の課題である」

可及的速やかに
（か きゅう てき すみ）

できるだけ早く。

大至急。

「一対処いたします」

息急き切って
（いき せ き）

急いで行動し、激しい息づかいをして。

「一会場に飛び込んだ」

焦眉の急
（しょう び きゅう）

非常に差し迫った危険。切迫した事態。

「住宅不足への対応は一だ」

＊眉が焦げるほどに火が迫っている意から。

さまざまな気持ち

急ぐ・焦る

あせる

焦る
（あせ）

物事がうまく進まず、早くやらなければと思って落ち着きを失う。気がせいて、いら立つ。

「（勝ち・効・結果・結婚）を一／焦って失敗した／焦りの色が見える」

逸る
（はや）

早くやりたいと思って落ち着かなくなる。焦る。

「気が一／一心を抑える／効に一」

＊早るとも書く。

急く
（せ）

早くやらなければと思って焦る。焦っていら立つ。

「急いては事を仕損じる〔＝事を急ぐとかえって失敗する〕」

心急く
（こころ せ）

気持ちばかり焦って落ち着かなくなる。気が急く。

「一ままに走り出す」

急き込む
（せ こ）

早口になるなど、気がせいている様子で話す。

「到着するなり急き込んで話す」

あわてる

慌てる
（あわ）

不意を打たれたり大切なことに気づいたりして驚き、落ち着きを失う。

「急に指名されて一／財布を落としたと気づき、慌てて連絡する」

慌てふためく
（あわ）

非常にあわてて騒ぎ回る。

「急に先生が家にいらして慌てふためいた」

動転
（どう てん）

驚きあわてること。とても驚いて落ち着きを失うこと。

「異動を命じられて一する」

狼狽
（ろう ばい）

突然、予想外の事態に見舞われ、あわてふためくこと。

「本心を言い当てられて一する／周章一」

じれったい

じれったい

【焦れったい】物事が思うように進まず、じっとしていられない気持ちだ。

「商品がなかなか届かず、一／あの二人の関係は見ていてじれったくなる」

焦れる
（じ）

物事が思うように進まず、いらいらする。

「焦れた様子の声／料理を待ち兼ね、焦れて店員を呼びつけた」

もどかしい

物事が思うように進まなかったり、思うようにできなかったりして、いらいらした気持ちだ。じれったい。

「仕事の進行が遅く、どうにも一／うまく言葉にできず、我ながら一」

歯痒い（は　がゆ）
物事が思うように進まず、それを自分ではどうにもできなくて、いらいらする。
「友人の煮え切らない態度を**歯痒く**思う／**歯痒くて**見ていられない」

まだるっこい【間怠っこい】
時間がかかったり手際が悪かったりして、見ていられない感じだ。じれったい。
「**一**（言い方・話しぶり・やり方）」
＊「間怠い」の変化した言い方。**まだるこい・まだるっこしい・まどろっこしい**などともいう。

居ても立ってもいられない（い・た）
何かが気になったり気が高ぶったりして、じっと落ち着いていられない。
「子供の帰りが遅く、心配で**一**」

矢も盾もたまらない（や・たて）
何かをしたくて焦り、じっとしていられない。
「母の病気の報に、**矢も盾もたまらず**実家に向かった」

隔靴掻痒（かっ か そう よう）
物事が思うように進まず、もどかしい様子。
「政府の対応には**一**の感がある」
＊かゆいところを靴の上から掻くようだという意から。

焦り、いらいらする

苛々（いら いら）
物事が思い通りにならず、神経が高ぶって嫌な気持ちになる様子。

「電車が遅れ、**一**する／姉は最近いつも**一**している」

苛立つ（いら だ）
物事が思い通りにならず、嫌な気持ちになる。
「到着が遅くて**一**」

苛つく（いら）
いら立つ。いらいらする。「長く待たされて**一**」

業を煮やす（ごう・に）
物事が思うように進まず、いらいらして腹を立てる。
「納品のあまりの遅れに**一**」

痺れを切らす（しび・き）
何かを待っていて、待ちきれずいらいらする。
「返信が来ないので**痺れを切らして**電話した」

やきもき
あれこれと気をもんで、いらいらする様子。
「彼がなかなか来ないので、遅れたらどうしようと**一**する」

焦燥（しょう そう）
焦り、いら立つこと。
「友人がどんどん出世していき、**一**に駆られる／**一**感が募る」
＊**焦躁**とも書く。

焦心（しょう しん）
心をいら立たせ、思い悩むこと。
「このままではいけない、と**一**する」

その他の表現

急ピッチ・拍車を掛ける・パニック・パニクる・テンパる・じりじり・うずうず・そわそわ・せっかち

忙しい

→ 急ぐ・焦る／がんばる／退屈だ・飽きる

基本の表現 ［ 忙しい・慌ただしい・立て込む ］

★オノマトペで
- 仕事でばたばたしていてお返事ができませんでした。
- 宴会が重なり、厨房は**てんやわんや**の忙しさだ。

★たとえを使って
- 今月は注文が殺到し、**盆と正月が一緒に来た**ように忙しい。
- ランチの時間帯は**目が回る**ほどの忙しさだ。
- **猫の手も借りたい**ほど忙しい。
- **働きアリのように働く。**
- **馬車馬のごとく**ひたすら働く。
- 忙しくて**売れっ子作家のようだ。**
- 出張に次ぐ出張で、**席の暖まる暇**もない。
  - ＊一か所に落ち着いている暇がないほど忙しい意。

することが多くて忙しい

忙しい　することが多くて、暇がない。
「（仕事・勉強・子育て・準備）で一／忙しく（働く・立ち働く・過ごす）」

せわしい【忙しい】①用事が多く、落ち着く暇がない。忙

しくてゆとりがない。
「一日々を送る／台所では皆**せわしく**働いている」
②動作などがせかせかしていて、見ていて落ち着かない。
「一（人・足音・息づかい）／**せわしく**歩き回る／**せわしく**口を動かす」

せわしない【忙しない】「せわしい」を強めた言い方。
「一（毎日・日常・呼吸・手つき・動き）／**せわしなく**まばたきする／車が**せわしなく**往来する」

気ぜわしい【気忙しい】何かと
せわしなく、気がせいて落ち着かない。
「一（年の瀬・師走・毎日・口調）／店内を**気ぜわしく**動き回る」

慌ただしい①あれこれと忙しく、せきたてられ
るようで落ち着かない。
「一（一日・日常・足音）／**慌ただしく**（出かける・駆け込む・行き来する・食事をとる）／日々が**慌ただしく**過ぎていく」
②物事の動きや変化が速く、激しい。
「一（雲行き・情勢）／政界の動きが**慌ただしく**なる／**慌ただしく**席を立つ」

目まぐるしい

物事の動きや変化が、目で追えないほど速くて激しい。

「一(変化・動き・展開)／選手が**目まぐるしく**交代する／話題が**目まぐるしく**移り変わる」

大忙し

とても忙しいこと。

「一の一日だった／皆、仕事で一だ」

大わらわ

【大童】なりふり構わず、夢中で一生懸命におこなう様子。

「締め切りに追われて一になる」

＊結んだ髪がほどけ、ばらばらになった姿で奮戦する様子の意から。

忙殺される

仕事などに追われ、非常に忙しい状態になる。

「(仕事・雑務・応対)に一」

余裕がない

忙しくて、ゆとりや暇がない。

「今日はきみに会う一」

多忙

非常に忙しい様子。

「一を極める／一の身／一な(毎日・生活・ビジネスマン)」

多用

用事が多く、忙しい様子。

「御一のところ恐縮です」

多事

仕事や用事が多く、忙しい様子。

「今年は一の年であった」

多端

仕事や用事、事件が多く、忙しい様子。また、複雑で多方面に渡っている様子。

「公務一の折／出費一の折〔＝何かと出費が多い時期〕」

多事多端

①仕事が多く、非常に忙しい様子。

「一な(生活・身辺)」

②事件や出来事が多く、世の中が落ち着かない様子。

「内外ともに一の時」

繁忙

仕事や用事が大変多く、忙しい様子。

「一を極める／一期」

繁多

用事が多くて忙しい様子。

「業務一につき欠席します／事務仕事が一で対応できない」

＊「煩多」は用事が多くてわずらわしい様子をいう言葉。

繁用

用事が多くて忙しい様子。繁多。

「御一のことと存じますが……」

分刻み

1分単位で予定が組まれているほど忙しいこと。

「一のスケジュール」

＊忙しさをさらに誇張して**秒刻み**ということもある。

てんてこ舞い

【天手古舞い】あれこれと非常に忙しく立ち働くこと。

「客が押し寄せて一する」

＊「てんてこ」は里神楽などの太鼓の音を表す言葉で、「天手古」は当て字。その音に合わせて舞う意から。

きりきり舞い

足を下ろす間もなく、非常に忙しく立ち働くこと。てんてこ舞い。

「人手が足りず、一で働いた」

＊片足を上げて体を勢いよく回す意から。

仕事や用事が重なって忙しい

立て込む（た て こ む）仕事や用事が一時にたくさん重なる。

「仕事が―／今日は**立て込ん**でいて外出する時間がとれない」

＊「客が立て込む」のように、一か所に多くの人が入って混み合う意にも用いる。

取り込む（と こ む）不意の出来事や急ぐ用事があり、忙しく落ち着かない状態になる。

「身内に不幸があって**取り込ん**でいました／今**取り込み**中で対応できない」

＊事件やもめ事、不幸などで家の中が忙しい状態をいう。

手が塞がる（て ふさ が る）あることで忙しく、ほかのことができなくなる。

「今は**手が塞がっ**ていて手伝えない」

手が回らない（て まわ）対応が行き届かない。

「忙しくて、次の仕事の準備まで―」

応接に暇がない（おう せつ いとま）次々に物事が起こって対応しきれない。また、客が次々に訪れて応対に追われる。

「全国から問い合わせがあり、―」

＊**応接に暇あらず**の形で『世説新語』にある言葉。

押せ押せになる（お お）仕事などが立て込み、一つの遅れの影響で全体に遅れていく。

「仕事が―／打ち合わせが長引き、あとの予定が**押せ押せになった**」

忙しくあちこちへ行く

走り回る（はし まわ）（用事のために）あちこちへ忙しく行く。奔走する。

「町中を**走り回っ**て広告主を探した」

＊**駆け回る**ともいう。

駆けずり回る（か まわ）用事のためにあちこちへ一生懸命に行く。奔走する。

「金策のために―」

飛び回る（と まわ）用事のために広い範囲をあちこちへと行く。

「日本中を**飛び回っ**て取材した」

＊**跳び回る**とも書く。また**飛び歩く・跳び歩く**ともいう。

奔走（ほん そう）物事がうまくいくように、あちこちへ行って力を尽くすこと。

「友人の就職のために―する」

東奔西走（とう ほん せい そう）あちこちを忙しく跳び回ること。

「新会社設立のために―する」

忙しい時

忙中（ぼう ちゅう）忙しいさなか。忙しい時。

「―閑あり〔＝忙しい時でもわずかな暇はあるものだ〕」

書き入れ時（か い どき）商売が繁盛してもっとも儲かる忙しい時期。

「年末は―だ」

＊帳簿への記入に忙しい時の意から。

その他の表現

せかせか・あっぷあっぷ・ごたごた

ゆっくりやる

→ 気楽だ・リラックスする／急ぐ・焦る

基本の表現 　ゆっくり・のんびり・気長(きなが)

★オノマトペで
・足元に注意して**そろそろ**と歩く。
・急がず**ゆるゆる**といらしてください。
・**ぼつぼつ**仕事にとりかかろう。

ゆっくり 物事を急がずに、時間をかけておこなう様子。また、時間や気持ちにゆとりがある様子。
「―と読み上げる／―お風呂に入る／休日は家で―したい」

ゆったり 空間や時間、気持ちにゆとりがある様子。
「―した(服・日程)／テラスで―と食事をする」

のんびり あくせくせず、心持ちがゆったりしている様子。
「―行こう／田舎で―と暮らしたい／―した(人・話し方)」

余裕(よゆう) 必要なぎりぎりの分のほかにある、時間や空間などのゆとり。
「時間に―がある／―をもって進めてください」

気長(きなが) 物事を急がず、ゆっくり構えている様子。
「返事を―に待つ／―な治療」

のんき 【呑気・暢気・暖気】性格や気持ちがのんびりしていて、細かなことを気にしない様子。
「母は―で、何事も急がない」

おっとり 性格や態度がのんびりしていて、こせこせしない様子。
「―した人／いつも―構えている」

手隙(てすき) 手が空いていること。仕事がなく暇であること。
「お―の際にご返信ください」
＊**手透き**とも書く。

追い追い(おいおい) 順を追って。少しずつ。次第に。
「詳細は―ご連絡します／新しい環境にも―と慣れてくるだろう」

歩一歩(ほいっぽ) 少しずつ前進する様子。一歩一歩。
「作品は―と完成に向かっている」

マイペース 自分に合った速さや方法。
「―で勉強する／―を保つ」
＊和製英語。

その他の表現

のんべんだらり・牛歩・蝸牛(かぎゅう)の歩み・ぼちぼち

102

退屈だ・飽きる

→ 楽しい／満足だ／気楽だ・リラックスする／忙しい

基本の表現 [退屈だ・暇だ・飽きる]

退屈だ・飽きる

することがなくて退屈だ

退屈 することがなく、時間を持て余すこと。また、物事に飽きて嫌になること。
「入院中は—だ／—な(仕事・日常・話)」

暇 ①やるべきことのない自由な時間。
「—を持て余す／—ができる」
②やるべきことがない様子。
「今日は—だ／—な時に読んでね」
＊閑とも書く。

手持ち無沙汰 することがなく、間が持たない様子。
「本を忘れ、待ち時間は—で困った」

所在ない することがなくて困る。手持ち無沙汰だ。
「所在なく、手元の本をただめくる」

つれづれ 【徒然】することがなくて退屈なこと。
「病床の—をラジオで慰める」

無聊 退屈であること。気が晴れないこと。
「—をかこつ〔=することがない不遇な生活を嘆く〕」

有閑 暇があること。特に、裕福なために暇があること。
「—階級／—の日々」

飽きて嫌になる

飽きる 同じことが続いたり、つまらなくなったりして、嫌になる。
「(仕事・勉強・ゲーム・料理)に—」
＊厭きる・倦きるとも書く。

倦む 飽きる。嫌になる。
「読書に倦み、窓の外を眺める」

食傷 同じことが続いたり多過ぎたりして嫌になること。
「外食に—する／この手の恋愛小説には—気味だ」

倦怠 飽きて嫌になること。
「—期」
＊「—感」のように、心身が疲れてだるい様子の意にも用いる。

屈託 疲れて飽き飽きすること。
「同じ日常の繰り返しに—する」
＊「心に屈託がある」など、何かが気にかかって心が晴れない意にも用いる。

その他の表現

だれる・だらける・暇潰し・
時間潰し・三日坊主・おなか
一杯・うんざり・飽き飽き

103

人や物事に
かかわる表現

好き

→ 愛する・恋する／心引かれる・共感する／嫌い

基本の表現 [好き・気に入る・贔屓・好み]

★「愛○○」のいろいろ

愛飲　愛煙　愛犬　愛犬家　愛車
愛唱　愛誦　愛鳥　愛読　愛読書
愛馬　愛猫　愛用

◆好きな物事や、「好んで～する」意
を表す。

好き_す 物事や人に対して、良いと感じ、心が引きつけられること。
「夏が一だ／一な色／映画好きの友人／あなたのことが一です」

大好き_{だいす} とても好きであること。
「メロンが一だ／一な叔母」

好む_{この} 他のものよりもそれが良いと感じ、ほしいと思う。気に入る。
「静かな場所を一／孤独を一／弟は冒険小説を好んで読む」

好く_す 好きだと思う。
「肉より魚を一／派手な花はどうも好かない／誰からも好かれる人」

好き好む_{すこの} 他よりも特に好む。
「こんな所に誰が好き好んで住むものか」
＊多く「好き好んで」の形で用いる。

目がない_め 思慮分別を失うほど、それが好きである。
「父は甘い物に一」

好ましい_{この} 感じがよく、好感が持てる。好みや望みに合う。
「一人柄／明るい笑顔が一印象を与えた／会ではネクタイ着用が一」
＊好もしいともいう。

好感_{こうかん} いい感じ。好ましい印象。
「一を（持つ・抱く・覚える・得る・与える）／あの人のはっきりした態度は一が持てる」

好意_{こうい} 相手への親近感や好ましいと思う気持ち。好感。
「誰もが一を抱く人物／一に（甘える・応える）／一を無にする」
＊「ひそかに一を寄せる」のように、恋愛感情を抱く意にも用いる。

愛好_{あいこう} その事が好きで、趣味などとして楽しむこと。
「登山を一する／一（家・者）」

嗜む_{たしな} 節度を持って楽しみ、親しむ。教養などとして習い楽しむ。
「酒は一程度です／日本舞踊を一」

気に入る・ひいきする

気に入る_{き　い} 好みに合い、好きになる。心にかない、良い

106

と思う。

「この服が**気に入った**／社長に**気に
入られる**」

気に染む
気に入る。
「**気に染まない**仕事」
＊多く、否定形で用いる。

心に適う
望みや好みに合い、満足する。気に入る。
「御一作品はありましたか」

意に適う
考えに合う。気に入る。
「一人材がなかなか見つからない」

眼鏡に適う
目上の人に気に入られる。
「社長の**眼鏡に適って**入社した人物」
＊「お一」の形でも用いる。

お気に入り
好みに合うこと。気に入っているもの
のや人。
「一の(場所・曲・服・店)」

選り好み
自分の好きなものだけを選び取ること。
「一しないで食べる／一が激しい」

贔屓
その人を気に入って特別扱いし、何かと助けること。
「一にしている店／一の引き倒し〔＝贔屓し過ぎてかえって相手の迷惑になること〕」
＊贔負とも書く。

依怙贔屓
自分の気に入った者や関係のある者だけを不公平に特別扱いし、助けること。
「身内を一する」

目を掛ける
好意を持ったり将来を期待したりして、特に面倒を見る。ひいきにする。

「監督に**目を掛けられている**選手」

愛顧
ひいきにすること。目をかけること。
「日頃の御一を感謝いたします」
＊多く「御一」の形で、ひいきにされる側から用いる。

好み
好むこと。また、好むものの傾向。
「この色は一だ／一のタイプ」

趣味
好みの傾向。
「一の悪い服装／(少女・成金・貴族・懐古)一」

嗜好
あるものを特に好み、習慣的に楽しむこと。また、そのような好み。主に飲食物についていう。
「一品／一が偏る／お年寄りの一に合う菓子」

好き嫌い
あるものは好きで、あるものは嫌いだということ。また、選り好み。
「一がない／一せずに何でも食べる」

好悪
好むことと憎むこと。好き嫌い。
「人は一の感情に左右されやすい」

物好き
他の人が好まないような、変わったものを好むこと。
「一な人／寒い場所が好きとは一だ」

その他の表現

蓼た食う虫も好き好き・ライク・タイプ・はまる・受ける

107

愛する・恋する

→ 好き／心引かれる・共感する／嫌い／憎い

基本の表現 [愛する・恋する・愛情・愛しい・デート]

★オノマトペで

- 姉はボーイフレンドに**ぞっこん**だ。
- あの笑顔には**めろめろ**になる。
- 優しくされて**でれでれ**になる。

★たとえを使って

- 恋人への思いに胸を焦がす。
- 激しい恋に**身を焦がす**。
- 彼女の知性と明るさに**心を奪われて**しまった。
- アイドルに**血道を上げる**。
  - ＊「血道を上げる」は恋の相手や道楽に分別をなくすほど夢中になる意。
- クラスメートにひそかに**思いを寄せ**ている。
  - ＊**思いを懸ける・心を寄せる**ともいう。
- あの人のハスキーな声には**痺れて**しまう。
- 好きな人に優しくされて、**身も心もとろけて**しまった。
- 甘い言葉に**酔わされ**そうだ。
- 私の恋はまるっきり磯の**鮑**の片思いだ。
  - ＊鮑は二枚貝の片側だけのように見えることから。**鮑の片思い**ともいう。

- アイドルを本気で好きになるなんて、**及ばぬ鯉の滝登り**だった。
  - ＊「鯉」に「恋」をかけた言い方。分不相応で成就しない恋のたとえ。
- 思いを懸けられれば心引かれてゆく、それが**落花流水**の情というものだ。
  - ＊落花には流れる水に乗って流れたい気持ちが、流水には落ちる花を乗せて流れたい気持ちがある意から、互いに慕い合う様子のたとえ。

愛する・恋する

愛 ある人や物事を大切に思い、その幸いを願う気持ち。また、お互いに対する恋愛の気持ち。
「（家族・妻・文学・大自然）への—／人類—／—が（生まれる・芽生える）／—を（誓う・告白する・確かめる）／—を込めて歌います」

恋 特定の相手に強く引かれ、近づきたい、接したいなどと願うこと。また、その気持ち。
「—をする／クラスメートに—をしている／—に（落ちる・悩む・破れる・発展する）」

愛する 相手を大切に思い、愛情を抱く。また、ある物事を

特に好み、親しむ。

「━(人・母・故郷)／（わが子・音楽）を━／あなたを**愛して**います」

恋する
（こいする）

恋をすること。「命短し、**恋せよ**乙女／恋に━」

恋愛
（れんあい）

特定の相手に恋すること。また、互いに愛し合うこと。

「情熱的な━をする／（熱烈・プラトニック・ロマンチック・不幸）な━／（遠距離・擬似・ネット）━」

慕う
（したう）

愛する人や尊敬する人のことを心に思い、近づきたい、あやかりたいなどと願う。

「心ひそかに一人／（亡き母・師）を━／ずっと**お慕い**しておりました」

恋い慕う
（こいしたう）

心にとても恋しく思う。「生き別れた兄を━」

思う
（おもう）

慕う。恋や愛の気持ちを持つ。「あなたのことを**思って**います」

＊想うとも書く。

惚れる
（ほれる）

相手に恋して、心を奪われる。

「同じクラブの子に**惚れた**」

＊「腕前に━」など、人や事物についても用いる。

見初める
（みそめる）

ひと目見て恋をする。「パーティーで**見初め**た相手と結婚した」

一目惚れ
（ひとめぼれ）

ひと目見ただけで恋に落ちること。

「カフェの店員に━する」

気がある
（きがある）

恋心を抱いている。「あの子、あなたに━みたいだよ」

焦がれる
（こがれる）

苦しくなるほど激しく、相手のことを思う。

「━(相手・思い)／恋に━」

恋焦がれる
（こいこがれる）

心乱れて苦しくなるほど、相手を恋い慕う。

「ひそかに━／部の先輩に━」

思い焦がれる
（おもいこがれる）

一途に激しく思う。

「彼に会いたいと━」

まいる

【参る】降参だ、というほどに相手に心奪われる。

「兄は新しい彼女にすっかり**まいって**いる」

口説く
（くどく）

自分の思いに応えてくれるよう、誘い説得する。

「ひとめぼれした相手を━」

言い寄る
（いいよる）

相手に近づき、口説く。「パーティーで出会った人に━」

求愛
（きゅうあい）

相手に愛情を求めること。「動物の━行動」

愛する気持ち・恋する気持ち

愛情
（あいじょう）

相手をかけがえのないものと感じ、大切にしたい、守りたい、関わりたいなどと思う気持ち。

「━を(持つ・注ぐ・抱く・表現する)／━たっぷりのプレゼント」

愛しい
（いとしい）

相手に愛情を感じ、かわいい、大切だなどと感じる様子。

「━(人・子)／娘を**愛しく**思う」

＊多く、愛する相手や子供など、身近な存在についていう。

愛おしい
相手に愛情を感じ、大切にしたいと感じる様子。

「つぶらな瞳が―／子供たちを**愛おしく思う**」

＊多く、弱いものやはかないもの、身近な存在などについていう。

恋しい
離れたところにある人や事物に心がひかれ、会いたい、そこに行きたいなどと思う様子。

「―人の写真／故郷の村が―」

慕わしい
心が引かれ、恋しい、身近に接したいなどと思う様子。

「私には慕わしく思う人がいる」

思い
相手を恋い慕う気持ち。

「密かに―を寄せる／―が募る」

＊想いとも書く。

思いの丈
相手を恋い慕う気持ちのすべて。

「思い切って、―を打ち明ける」

恋心
恋する気持ち。恋い慕う心。

「幼なじみに―を抱く／淡い―」

思慕
愛する人や離れている人などのことを心に思い、慕うこと。

「恋人への―を募らせる／―の念」

慕情
慕わしく思う気持ち。恋い慕う気持ち。

「かなわぬ―を(抱く・寄せる)」

愛慕
愛し、慕うこと。

「師への―の情／自然を―する気風」

恋慕
恋い慕うこと。恋い焦がれること。

「―の情／親友の姉に―する」

恋着
恋い慕って心から離れないこと。

「昔のクラスメートに―する」

懸想
思いを懸けること。恋い慕うこと。

「―文〔＝恋文〕」

恋路
恋の道。恋愛。

「人の―の邪魔をするな」

惚れ込む・夢中になる

惚れ込む
すっかり惚れる。夢中になる。

「彼の優しさに**惚れ込んだ**」

夢中
相手にすっかり心を奪われる様子。

「カフェで出会った青年に―になる」

惚れ抜く
これ以上はないというほど、とことん惚れる。

「彼女に惚れて惚れて**惚れ抜いている**」

のめり込む
抜け出すのが難しいほど深く入り込む。夢中になる。

「恋愛に―／新しい恋の相手に―」

入れ込む
ひどく夢中になる。のめり込む。

「隣のクラスの子に**入れ込んでいる**」

べた惚れ
すっかり惚れ込むこと。

「父は母に―だ」

ほの字
惚れること。

「君、彼女に―なんだろ」

＊「ほれる」の語頭の字の意から。

首ったけ
恋の相手にひどく夢中になる様子。

「出会って以来、彼女に―だ」

人や物事にかかわる表現 → 愛する・恋する

＊首まで深くはまり込む意から。

執心 _{しゅうしん} 深く恋い慕って心を離さない様子。

「あの子にずいぶん御一だね」

＊多く「御一」の形で、からかうニュアンスをこめて用いる。

愛執 _{あいしゅう} 恋愛感情や性欲に心がとらわれ、離れられないこと。[仏教語]

「一の心が起こる／一を断つ」

＊愛着_{じゃく}ともいう。

恋々 _{れんれん} 恋い慕う気持ちを断ち切れない様子。

「昔の恋人を一と思い続ける」

＊「大臣の地位に一とする」のように、未練がましく執着する意にも用いる。

「愛」のいろいろ

情愛 _{じょうあい} 親しい相手に対する、深く愛して思いやる心。

「親子の一／夫婦の一を感じる」

性愛 _{せいあい} 性的な欲求や感情に基づく愛情。

「一を描いた小説／一の対象」

純愛 _{じゅんあい} 純粋でひたむきな愛情や恋愛。

「一を貫く／一(物語・小説)」

熱愛 _{ねつあい} 熱烈に愛すること。また、熱烈に愛し合うこと。

「妻を一する／アイドル同士の一が報道される」

最愛 _{さいあい} 最も深く愛していること。

「一の(妻・夫・人・わが子・友)」

溺愛 _{できあい} 子供、孫や目下の者などを、ひどくかわいがること。

「(わが子・初孫・弟子)を一する」

偏愛 _{へんあい} 特定の物や人だけを愛すること。

「末娘を一する／中世文学を一する」

親愛 _{しんあい} 人に対して持つ親しみの気持ちや愛情。

「一なる友人たちへ／一の情を抱く」

寵愛 _{ちょうあい} 権力を持つ者が特定の者を非常にかわいがること。

「皇帝の一を受ける／女御を一する」

「恋」のいろいろ

初恋 _{はつこい} 初めての恋。

「一の(人・思い出)」

片恋 _{かたこい} 片方だけが恋愛感情を持っている恋。片思い。

「初恋は一に終わった」

片思い _{かたおもい} ある人を恋い慕うが、相手はそれに応えないこと。

「幼なじみに一をしている」

両思い _{りょうおもい} 互いに相手を恋い慕っていること。相思相愛。

「あの二人は一だ」

相思相愛 _{そうしそうあい} 互いに愛し合うこと。

「一の仲」

岡惚れ _{おかぼれ} 他人の恋人や特に親しくもない人を、ひそかに恋い慕うこと。

「社長の秘書に一する」

＊傍惚れとも書く。

横恋慕 _{よこれんぼ} 他人の配偶者や恋人に横から恋をすること。

「先輩の彼女に一をする」

悲恋 _{ひれん} 実らず、悲しい結果に終わる恋。

「ロミオとジュリエットの一の物語」

老いらくの恋
老人の恋。
「人生の秋にして―に落ちる」

うたかたの恋
【泡沫の恋】すぐに終わる、はかない恋。
「旅先での―」

徒情け
その時限りの恋。
「一夜限りの―」

恋の病
恋い慕う気持ちがつのり、病気にかかったようになること。恋煩い。
「―にかかる／―に薬なし」

恋煩い
恋い慕う気持ちがつのり、悩み苦しんで病気のようになること。恋の病。
「食事も喉を通らないほどの―」

四百四病の外
恋の病のこと。
「私が患っているのは―なんです」
＊「四百四病」は仏教語で、人間のかかるすべての病気の意。

恋仲
互いに恋し合っている間柄。
「あの二人は―だ／―になる」

恋敵
恋の競争相手。自分と同じ人に恋をしている人。
「―が多い／友人と―になってしまった」

失恋
恋が実らないこと。恋に破れること。
「―の痛手を引きずる」

縒りを戻す
別れた恋人同士や夫婦が、元の関係に戻る。
「昔のパートナーと縒りを戻した」

惚れっぽい・気が多い

惚れっぽい
すぐに人に惚れてしまう。惚れやすい。
「私はどうも―」

気が多い
心が定まらず、いろいろな人に恋愛の情を持ちやすい。移り気だ。
「私の恋人は気が多くて困る」

多情
愛情が他の人に移りやすいこと。気が多いこと。
「―な人／―だが悪い人ではない」

移り気
恋愛の情が一人に定まらず、移りやすいこと。
「―な人」

浮気
①恋愛の相手を次から次へと移すこと。多情。
「彼は―だから心配だ」
②決まった相手がいながら、他の人と恋愛関係を持つこと。
「―をする／―がばれる」

◆「気が多い」「移り気」「浮気①」は、恋愛だけでなく、広く物事への興味・関心が移りやすい意にも用いる。

その他の表現

恋人・本命・意中の人・狂恋・邪恋・デート・逢瀬・逢い引き・ランデブー・情事・色事・ラブ・ロマンス・スイートハート・ラブアフェア・プラトニックラブ

心引かれる・共感する

→ 好き／愛する・恋する／認める・許す／嫌い／うっとうしい

基本の表現 ［ 引かれる・憧れる・共感する ］

★オノマトペを使って
- 優しい笑顔に胸に**きゅん**とする。
- 文面から、彼女のつらさが我がことのように**ひしひし**と感じられた。
- 書き手の思いが**しみじみ**と伝わってくる。

心引かれる

引かれる（ひ）
心が引きつけられる。
「（人柄・歌声・宣伝文句）に―／表紙の絵に心**引かれて**買った本」
＊**惹かれる**とも書く。

気になる（き）
そのことへの関心が心から離れない。気にかかる。
「（抽選の結果・子供の具合・隣の席の子・雑音）が―／―存在」

興味（きょうみ）
面白そうだ、知りたいなどと思い、引かれる気持ち。
「―を（持つ・示す・抱く・向ける・失う・引く）／ドイツ文学に―がある」

興味津々（きょうみしんしん）
興味が尽きない様子。
「投票の結果がどうなるか、―だ」

関心（かんしん）
ある物事に心が引かれ、注意を払うこと。また、その気持ち。
「政治に―がある／―を（持つ・示す・抱く・失う・向ける・集める）」

好奇心（こうきしん）
めずらしい物事や未知のことに興味を持つ心。
「植物に―を（持つ・抱く）／子供は―が（強い・旺盛だ）／―に駆られる」

耳目（じもく）
人々の関心や注意。
「―を（引く・集める）／―を驚かせたニュース」

引き込まれる（ひこ）
つい心を引きつけられ、集中させられる。
「名演奏に―／絶妙な語り口に―」

誘われる（さそ）
それに心を引き寄せられる。
「歌声に**誘われて**教会の中へ入って行く」

吸い寄せられる（すよ）
心が吸い込まれるように引きつけられる。
「客寄せの声に、大勢の客が―」

そそられる
欲求や感情が引き起こされる。
「（興味・好奇心・心）を―／香ばしい匂いに食欲が―」

魅入られる（みい）
とりつかれたかのように、心が引き

つけられる。
「悪魔に**魅入られた**ように夢中になる／踊り手の美しい姿に**―**」
＊「魅入る」は魔性のものがとりつく意。

心を奪われる
（こころ をうばわれる）心をすっかり引きつけられる。夢中になる。
「哀切な歌声に**―**」

取り憑かれる
（とりつかれる）魔性のものに乗り移られたかのように夢中になる。
「俳優になるという夢に**―**」

なびく
【靡く】相手の力や意志に引き寄せられ、それに従う。また、言い寄られて、受け入れようとする。
「多数派に**なびいて**意見を変える／高価なプレゼントに心が**―**」

釣られる
心を誘うような事物に引きつけられ、引き込まれる。
「甘い匂いに**釣られて**店に入る／広告に**釣られて**注文してしまった」

食指が動く
（しょくしがうごく）食欲が起こる。また、欲求や関心が湧く。
「A社の株価が下がり、**―**」
＊**食指を動かす**ともいう。

感興
（かんきょう）面白いと感じ、興味が湧くこと。
「陽気な歌声に**―**を（催す・覚える・そそられる）／**―**が（湧く・尽きない）」

魅力
（みりょく）人の心を引きつける、素晴らしさや美しさなどの力。

「不思議な**―**のある話し方／**―**的な条件／海外留学に**―**を感じる」

魅惑
（みわく）人の心を引きつけ、迷わせること。
「**―**的なドレス姿／そのピアニストの演奏は聴衆を**―**した」

人や物事にかかわる表現 → 心引かれる・共感する

あこがれる

憧れる
（あこがれる）理想とするものに心が強く引かれる。
「（メジャーリーガー・宇宙）に**―**」

憧れ
（あこがれ）憧れること。また、憧れの対象。
「**―**の人／この学校が**―**だった」

憧憬
（しょうけい）あこがれること。あこがれ。
「有名作家の叔父に**―**を（抱く・持つ）／古代への**―**を語る／**―**の的」
＊慣用読みでは**どうけい**とも。

ときめく
期待や喜びなどで胸がどきどきする。
「先輩の姿を見るだけで胸が**―**」

共感する

共感
（きょうかん）他の人の考え・感情・行動などに、そのとおりだと感じること。
「友人に**―**する／タレントの発言に**―**を（覚える・感じる・抱く）／**―**を（得る・呼ぶ・集める）」

同感
（どうかん）同じように考えたり感じたりすること。
「きみの意見に**―**だ」

分かる
（わかる）相手の考えや気持ちについて、理解や共感ができる。
「あなたの気持ち、**―**よ」

114

頷ける（うなずける） 同感できる。理解できる。それもそうだと思える。
「彼女の話には―ところもある」

身につまされる（み） 他人の苦しい状況などについて、自分の身を重ねて考え、他人事ではないと感じられる。
「避難民の状況には―ものがある」

しみる 【染みる・沁みる】心に深く感じられる。
「心に―話／あの人の言葉は―なあ」

共鳴（きょうめい） 他人の行動や考え方などに深く共感すること。
「勇気ある発言に―し、自分も行動を始めた」

同情（どうじょう） 他人の苦しみ、悲しみなどを我がことのように感じとること。思いやる心を持つこと。
「身の上話に―する／―を（寄せる・示す・覚える・感じる・抱く・買う・誘う）／―の（念・言葉・まなざし）」

同意（どうい） 他人の意見や考えに対し、自分も同じ意見や考えを持つこと。また、それを表すこと。
「―を（示す・得る）／提案に―する」

賛成（さんせい） 他人の意見や考えをよしとすること。同意すること。
「きみの意見に―だ／―多数で可決する」

賛同（さんどう） 他人の意見や主張などに賛成・同意すること。
「キャンペーンの趣旨に―する」

支持（しじ） 他人の意見や主張などに賛成し、それを後押しすること。
「○○派を―する／―を（得る・集める・受ける・獲得する・とりつける・求める・広げる・表明する・失う）」

連帯（れんたい） 複数の者が連携し、協力して事にあたったり、共同で責任を負ったりすること。
「―責任／―して運動を広げる」
＊特に、立場の違う者が垣根を越えてつながり合うニュアンスがある。

同調（どうちょう） 他人の意見や主張などに賛同し、それに合わせて行動すること。
「立場の強い人の発言に―しがちだ」

シンパシー 同情。共感。共鳴。
「―を（感じる・抱く）」

感情移入（かんじょういにゅう） 他の人の話や芸術作品などを、自分自身の心的な出来事として受け止め、体験すること。
「主人公に―して小説を読む／この作品は―できなかった」

その他の表現

琴線に触れる・きゅんきゅん

115

なつかしい

→ 心引かれる・共感する／愛する・恋する

基本の表現 懐かしい・思い出す・思い出・追憶

人や物事にかかわる表現 → なつかしい

懐かしい 過去のことが思い起こされ心引かれる様子。
「—(思い出・ふるさと・味・曲)／—顔が並ぶ／—名前を見つけた／学生時代を**懐かしく**思い出す」

慕わしい 心が引かれ、懐かしい、会いたいなどと思う様子。
「亡き友が—／故郷を**慕わしく**思う」

恋しい 離れてしまった人や事物に強く心がひかれる様子。
「母が—／捨てたはずの故郷が—」

床しい 昔を思い起こさせる様子。昔がしのばれる様子。
「古式—(＝伝統的なやり方に従った)祭り」

人懐かしい 人に会うことがなく、誰かに会いたい、人に接したいと思う様子。人恋しい。
「山ごもりが続き、**人懐かしく**思う」

昔懐かしい 昔の思い出に心が引かれる様子。
「—銭湯の建物／—雰囲気の食堂」

物懐かしい なんとなく心引かれ懐かしい様子。
「古いノートを見付け、**物懐かしく**なる」

思い出す・懐かしむ

思い出す 過去のことや忘れていたことなどを再び心に思う。
「写真を見て昔を—／幼い日の出来事が**思い出される**」

懐かしむ 懐かしく思う。
「古き良き時代を—」

偲ぶ 過去のことや遠く離れた人・事物に、懐かしむ気持ちや賞賛の気持ちをもって思いをはせる。
「亡き師を—／故郷を—／昔の人の苦労が**しのばれる**」

思い返す 過ぎ去ったことについて、もう一度思いをめぐらせる。
「旅行での出来事を初めから—」

思い起こす 過ぎ去ったことを、もう一度心に思い浮かべる。
「**思い起こせば**あれは雨の日のことだった」

頭を回らす 過去のことを思い出す。振り返る。
「引退までの人生に—」
＊「頭」は首、「回らす」は巡らす・廻らすとも書く。

116

思い出（おも で）
過去の出来事や経験などを思い出すこと。また、その記憶。
「―に(ふける・浸る)／懐かしい―」

想起（そう き）
心に思い起こすこと。
「幼年時代の一日を―する／このエッセイは苦い記憶を―させる」

記憶（き おく）
経験した物事を忘れずに心にとどめておくこと。また、その内容。
「遠い―を呼び起こす／―喪失」

記念（き ねん）
思い出として残しておくこと。また、その品。
「旅行の―に写真を撮る／―品」

追憶（つい おく）
もう戻らない過去や亡くなった人のことを、懐かしく思い起こすこと。
「田舎での幼年期を―する／―に(浸る・ふける・沈む)」

追想（つい そう）
もう戻らない過去や亡くなった人を思い出し、しのぶこと。
「映画の黄金期を―する」

回想（かい そう）
昔経験したことを振り返り、思いをめぐらせること。
「異国での半生を―する／―録」

思慕（し ぼ）
懐かしい人や愛する人などを思い、会いたいなどと願う。
「恩師を―する／―の情」

懐古（かい こ）
昔を思い出し、懐かしむこと。
「昔の大阪を―する／―趣味〔=昔を懐かしむことを好むこと〕」

懐旧（かい きゅう）
昔のことを思い出し、懐かしむこと。懐古。
「―の念が湧く」

追懐（つい かい）
昔のことを懐かしむこと。
「―の情／昔日を―する」

レトロ
古く懐かしいものを好む様子。昔に戻ろうとする様子。
「―なファッション／―趣味」

郷愁（きょうしゅう）
①離れた土地にいて、故郷を懐かしく思う気持ち。ノスタルジア。
「―を覚える／―を誘う歌」
②過去のものを懐かしむ気持ち。
「昭和の文化への―を抱く」

ノスタルジア
遠く離れた地にいて、故郷を懐かしく思う気持ち。郷愁。
「―を呼び起こす詩」
＊ノスタルジーともいう。

望郷（ぼう きょう）
故郷を懐かしみ、思いをはせること。
「―の念に駆られる／―の歌」

懐郷（かい きょう）
故郷を懐かしむこと。望郷。
「―の(情・念)に浸る」

思郷（し きょう）
故郷を懐かしく思うこと。望郷。
「―の(念・情・心)が湧く」

里心（さと ごころ）
故郷や実家を恋しがり、帰りたいなどと思う気持ち。
「ひとり暮らしが寂しく、―がつく」

ホームシック
故郷や家族をひどく恋しがる気持ち。
「―にかかる」

その他の表現

振り返る・顧（かえり）みる・サウダージ

117

信用する・頼る

→ 安心だ／認める・許す

基本の表現 [信用する・信じる・頼る・頼もしい]

人や物事にかかわる表現 → 信用する・頼る

★たとえを使って「頼る」を表す
- 今や、きみだけが頼みの綱だ。
- 正月の準備は母に**おんぶに抱っこ**で、何から何までやってもらった。
- 私はずっと、たった一人の兄を**杖とも柱とも頼ん**できた。
- 兄はまだ**親のすね**(脛)**をかじ**(齧)**って**〔=養ってもらって〕いる。

信じる

信用 人や物事を、うそ偽りがない、確かだと信じること。
「友人の言葉を—する／—を(得る・失う・なくす・落とす・損なう・傷つける・保つ・回復する)」

信頼 人や物事を信じ、安心して任せられる、頼れると思うこと。
「上司を—する／—できる人／—を(得る・集める・置く・寄せる・失う・なくす・裏切る)」

信じる それが真実であると思う。疑わず、本当だと思う。
「(新聞記事・自分・占い・神の存在)を—／きみを信じている」

信じ込む すっかり信じる。信じて疑わない。
「軽い冗談を本当のことだと—」

真に受ける 軽い言葉やうそ、でたらめなどを、本当のことだと信じる。本気にする。
「冗談を—／あいつの言うことを真に受けてはいけないよ」

信 信じること。信用すること。
「—を置く〔=信じる〕／国民に—を問う〔=自分を信任するかを尋ねる〕」

信任 相手を信頼し、物事を任せること。
「議会の—を得る／首相の—が厚い」

信託 相手を信頼して、財産の処分や政治などを任せること。
「政府に政治を—する／投資—」

信奉 特定の思想や宗教、教えを最上のものと信じ、従うこと。

確信 まったく疑わずに信じること。
「(勝利・勝訴・無実)を—する」

過信 力や価値などを実際よりも高く考え、信頼しすぎること。
「(実力・技術・部下)を—する」

軽信 軽々しく信じ込むこと。
「広告の宣伝文句を—する」

盲信 考えや疑いなしに、むやみに信じること。
「相手の言葉を—する」
＊似た意味合いで**妄信**ともいう。

118

狂信的
きょうしんてき
冷静な判断なく、激しく信じる様子。ファナティック。

信憑性
しんぴょうせい
信用できる度合い。
「この記事は一に欠ける」

頼る

頼る
たよ
ほかの人やものの力を借り、助けを得ようとする。
「親戚を**頼って**上京する／原料の多くを輸入に一／(勘・薬・援助)に一」

頼む
たの
頼りになってくれるものと信じる。当てにする。
「一生の師と一人／数を**頼んで**〔=多勢なのを頼りにして〕強行する／徳を一者は栄え、力を一者は滅ぶ」
＊恃むとも書く。

頼り
たよ
力や助けになるものや人。頼ることのできるものや人。
「きみを一にしている／一になる人／地図を一に訪ねる」

当てにする
あ
それが将来実現し、きっと力や助けになってくれるだろうと期待する。
「ボーナスを一」

頼もしい
たの
頼りになりそうで安心できる。信頼できる。
「一味方ができた／きっぱりした態度を**頼もしく**思う」

心強い
こころづよ
頼りになる人がいたり物があったりして、安心できる。気強い。
「一(相棒・言葉)／**心強く**思います」

気強い
きづよ
心強い。
「犬を連れていたので**気強**かった」

すがる
【縋る】人の同情などに頼る。
「(情け・好意・慈悲・神仏)に一」

すがりつく
【縋り付く】頼りにして必死で取り付く。たのみとする。
「情けある言葉に一」

泣きつく
な
泣くほどに頼み込む。
「親に**泣きついて**お金を借りた」

依存
いそん
ほかのものに頼っていること。
「(輸入・親・援助)に一する」
＊いぞんともいう。

依頼心
いらいしん
独力でどうにかしようとせず、人に頼る気持ち。
「あの人は一が強い」

拠り所
よ どころ
頼りにできるもの。支えになるもの。
「聖書を心の一にする／生活の一を求める」

寄る辺
よ べ
頼りにして身を寄せるところ。頼れる親類や縁者。
「一のない(老人・身の上)」

心頼み
こころ だの
心の中で当てにすること。
「親戚の援助を一にして留学する」

空頼み
そら だの
頼りにならない物事を頼りにすること。
「彼が助けてくれるだろうと思っていたが、一に終わった」

人や物事にかかわる表現

信用する・頼る

その他の表現

おんぶする・厄介になる・神頼み・人頼み・力頼み

認める・許す

→ 信用する・頼る/謝罪を伝える言葉

基本の表現 [認める・肯定する・許す]

認める そのとおりだと判断し、表明する。また、正しい、よい、価値があるなどと考える。
「自分の非を一/辞書の持ち込みを一/あの人の実力は皆認めている」

肯定 そのとおりだと判断すること。また、よいものだ、価値があるなどと考えること。
「相手の意見を一する/一的な回答/自分の生き方を一する」

受け入れる 人の要求や主張などを聞き入れる。また、つらいことなどについて、その存在を認める。
「(申し出・提案・折衷案)を一/(現実・事実・死)を一」
*受け容れるとも書く。

聞き入れる 要求や願いなどをよしとして、許す。
「(頼み・要望・意見・忠告)を一」

良しとする じゅうぶんではないが、まあいいだろうと考え、納得する。
「ここまでできれば良しとしよう」

構わない 気にしない。問題ない。
「品質がよければ高価でも一/ここに座っても構いませんか」

差し支えない 問題ない。差し障りがない。
「延期しても一でしょうか」

許可 目上の人や公的機関が、申し出を「よい」と受け入れること。
「議長が発言を一する/一が(下りる・出る)/一を(得る・受ける・取る・求める・与える・取り消す)」

承認 そのことが正当だ、または事実だと公的に認めること。また、よしとして許すこと。
「委員会の一を得る/予算を一する」

承知 ①知っていること。わかっていること。
「その件は一している/百も一だ」
②要求や願いなどを聞き入れること。
「ご依頼の件、一しました」

是認 よいと認めること。
「市民の意思を軽んじる政策は一できない」

容認 本来は認めがたいことを、よしとして許すこと。
「彼の差別的な言動は一しがたい」

許容 そこまでならいいだろう、と認めて許すこと。
「多少の誤差は一範囲だ」

受容 じゅよう　受け入れて、自分のものとして取り込むこと。

「異文化を—する／死を—する」

賛成する

賛成 さんせい　他人の意見や考えをよしとすること。同意すること。

「—を表明する／—多数で可決する」

支持 しじ　他人の意見や主張などに賛成し、それを後押しすること。

「—を(得る・集める・受ける・獲得する・求める・広げる・失う)」

首肯 しゅこう　うなずくこと。納得し、賛成すること。

「きみの意見には—しかねる」

甘受 かんじゅ　しかたないと思い、文句を言わずに受け入れること。

「(運命・敗北・不利益)を—する」

過ちなどを許す

許す ゆるす　①相手の罪や間違い、失敗などを、責めないことにする。

「(罪・過ち)を—／絶対に**許せない**」

②許可する。

「(外出・入国・発言)を—」

＊罪などをゆるす意味合いでは**赦す**などと書くこともある。

こらえる【堪える】許す。勘弁する。

「ここは一つ**こらえて**やってくれ」

勘弁 かんべん　相手の間違いやよくないおこないを許してやること。

「今回は—してやる／—して下さい」

堪忍 かんにん　怒りをこらえ、相手のよくないおこないを許してやること。

「もう—できない／—袋の緒が切れる〔＝我慢できなくなり怒りが爆発する〕」

容赦 ようしゃ　許すこと。

「どうかご—下さい」

…に免じて めん　…を考慮に入れて。許す理由を表現する言い方。

「今までの努力—許してやる」

水に流す みず　なが　過去のいざこざを、なかったことにする。

「全部**水に流して**、また頑張ろう」

大目に見る

大目に見る おお　め　み　間違いや不正などをとがめず許す。

「知らなかったなら**大目に見よう**」

見逃す み　のが　誤りや不正に気づきながら見なかったことにする。

「今回だけは**見逃して**やろう」

見過ごす み　す　大目に見る。見逃す。

「この件は黙って—ことはできない」

目を瞑る め　つぶ　見て見ぬふりをする。見逃す。

「この程度の失敗は**目を瞑りましょう**」

看過 かんか　見逃すこと。

「このような不正は—できない」

黙認 もくにん　本来は許されないことを、黙って許すこと。見逃すこと。

「この私道の通行は—されている」

その他の表現

OK・よろしい・黙過・寛恕
かん・海容・宥恕ゆうじょ・諒恕りょうじょ

望む・願う

→ 欲しい／好き／心引かれる・共感する

基本の表現　〔 望む・願う・希望・願望 〕

★願いの表現を強めることば
- （ぜひ・切に・心から・心の底から）お願いいたします。
- （願わくは・こいねがわくは・望むらくは）道中のご無事を神がお守り下さいますように。
  ＊「願わくは」は願わくばともいう。
- 母のたっての願いで、一緒にヨーロッパを旅行することになった。
  ＊達てと書くこともある。
- 成ろうことなら〔＝できることなら〕このままここで暮らしたい。

望む　そのことが実現してほしいと思う。また、欲しいと思う。
「（平和・幸せな生活・出世・協力）を―／私も参加を望んでいます」

願う　①そうなったらいい、と強く思う。望む。
「（平和・子の幸福・発展）を―／ご成功を心から願っています」
②他人にこうしてほしいと望む。頼む。
「（助力・協力・挙手・理解）を―」

こいねがう【冀う】強く願う。切望する。
「計画の実現をこいねがっております」

＊乞い願う・希う・庶幾うなどとも書く。

祈る　心から望む。願う。
「（成功・安全・健闘・幸運・豊作）を―／道中のご無事を祈っています」

念じる　そのことの実現や成就を、心の中で強く思い願う。
「（ご無事・ご成功・ご快癒・再会）を念じております」
＊念ずるともいう。

希望　あることの実現を望み願うこと。また、その願い。
「（入会・進学・郵送・支援）を―する／メンバーの―を聞く／―を失わない／第一―」

要望　あることの実現を相手に強く求めること。
「市に道路の整備を―する／市民の―に（応える・応じる）」

所望　相手に対し、こうしてほしい、これがほしいと願うこと。
「王様は陽気な曲をご―だ」

志望　自分はこうしたい、こうなりたいと望むこと。
「（進学・政治家）を―する／―校」

切望　心から望むこと。
「平和を―する／あなたのご復

122

帰を—しています」

熱望 ねつ　ぼう　熱心に望むこと。
「監督の—により出演が実現した」

渇望 かつ　ぼう　喉が渇いて水を欲するように、切実に望むこと。
「民衆は自国の独立を—している」

懇望 こん　もう　相手に対し、熱心に望んで頼むこと。
「皆に—され、会長に就任した」
＊こんぼうともいう。

待ち望む ま-ち　のぞ-む　自分の希望が早く実現してほしいと願って待つ。
「待ち望んだ手紙が届く／この日をどれだけ待ち望んでいたことか」

待望 たい　ぼう　あることの実現や到来を待ち望むこと。
「新リーダーの出現を—する／—の新作が発表された」

希求 き　きゅう　強く願い求めること。
「(平和・自由・真理)を—する」

祈願 き　がん　目的がかなうように、神仏に祈り願うこと。
「(家内安全・豊作・繁栄・商売繁盛・無事)を—する／合格—」

誓願 せい　がん　神や仏に誓いを立てて、あることの成就を願うこと。
「—を立てて断酒をする」

「願い」のいろいろ

願望 がん　ぼう　あることの実現を願い望むこと。また、その願い。
「安定した生活を—する／強い—を抱く」

大望 たい　ぼう　将来への大きな望み。大きな志。
「—を抱いて留学する」
＊たいもうともいう。

野望 や　ぼう　分不相応なほど大きな望み。大それた野心。
「全国制覇の—を抱く」

本望 ほん　もう　本来の望み。本懐。また、それがかなって満足すること。
「—を遂げる／後世、私の仕事がどこかで生かされれば—だ」

本懐 ほん　かい　本来の願い。前々から抱いていた望み。本望。
「雪辱を果たし、—を遂げた」

念願 ねん　がん　心の中で、常に強く願っていること。また、その願い。
「恒久の平和を—する／長年の—がかなった／—のデビューを果たす」

悲願 ひ　がん　どうしても成し遂げたいという、悲壮なほどの願い。
「—が実る／—のタイトルを目指す」

宿願 しゅく　がん　前々から抱いていた強い願い。宿望。
「聖地巡礼の—を果たす」

宿望 しゅく　ぼう　前々から抱いていた強い願い。宿願。
「多年の—を達する」
＊しゅくもうともいう。

抱負 ほう　ふ　心の中に持っている将来への決意や計画。
「新年の—を語る」

その他の表現

リクエスト・ウィッシュ

欲しい

→ 望む・願う／好き／心引かれる・共感する／うらやましい

基本の表現 　欲しい・欲する・欲・欲望

★たとえを使って

- あの指輪が、喉から手が出るほど欲しい。
- よだれが出るような美しい器だ。
- この珍本はマニアの垂涎の的だ。
  * 「垂涎」は食べたくてよだれを垂らす意。**すいせん**ともいう。「すいえん」は慣用的な読み方。
- 厚い札束を見て生唾を飲み込む。
  * 目の前のものが欲しくてたまらなくなる様子のたとえ。
- 全部買い占めようとするなんて、欲の皮の突っ張った人だ。
  * 欲の皮が張るともいう。

★欲しくて要求する様子の表現

- 子供が母親におもちゃをねだる。
- 「遊園地に連れていって」とせがむ。
- 息子がまた小遣いをせびってきた。

欲しい
自分のものにしたい。手に入れたい。
「(服・車・友達・時間・情報・自由)が―／いつか子供が―」

欲する
それが欲しいと思う。そうしたいと思う。
「(権力・平和・愛)を―／心の―ところに従って生きる」

求める
手に入れたいと望む。探す。また、要求する。
「(自由・平和)を―／(職・新天地)を―／(助け・説明・意見)を―」

所望
これがほしい、こうしてほしいと願うこと。
「ごーの品物／熱い茶を―する」

貪る
どこまでも満足せず欲しがる。物事を際限なくおこなう。
「(暴利・惰眠・安逸)を―」

欲張る
欲深く、やたらに欲しがる。
「欲張って食べ過ぎた／欲張りな妹」

欲をかく
さらに欲しがる。欲張る。
「欲をかいたのが裏目に出て、結局全部失ってしまった」

がっつく
むさぼるように食べる。また、物事をむさぼるように欲し、行動する。
「金に―のはみっともない」

がつがつ
飢えて食べ物をひどく欲しがり、むさぼり食べる様子。また、物事をむさぼるように欲し、行動する様子。
「―と勉強する／―した(人・態度)」

124

貪欲（どん よく） どこまでも欲を募らせ、満足しないこと。
「出世に一な人／一に知識を吸収する」

欲深（よく ふか） 欲が深い様子。
「一な人／一にも程がある」

強欲（ごう よく） 非常に欲が深い様子。
「一な高利貸し」

業突く張り（ごう つ ば） ひどく欲張りで意地汚く頑固なこと。
「あの店の親父はひどい一だ」
＊強突く張りとも書く。

阿漕（あ こぎ） 欲が深く、人情がなくてあくどい様子。
「一な（商売・やり方・人）」

欲得尽く（よく とく ず） すべてのことを、利益を得られるかどうかに基づいて考え、おこなう様子。
「こんな仕事は一ではできないよ」
＊「欲得」は利益を欲し、得ようとすること。

食指が動く（しょく し うご） 食欲が起こる。また、あることに欲望や関心を持つ。
「格安の物件を見つけて一」
＊「食指」は人差し指。鄭の子公が「自分の人差し指が動くのはごちそうにありつける前触れだ」と言ったという故事から。

無欲（む よく） 欲がないこと。
「一の勝利」

「欲」のいろいろ

欲（よく） 欲しいと思う気持ち。
「一を（出す・満たす・捨てる）／出世

に一が出てきた／（金銭・名誉・自己顕示・所有）一」
＊慾とも書く。

欲望（よく ぼう） 不足を感じ、それを満たそうとする気持ち。
「一を（抱く・満たす・捨てる・刺激する）／一に（駆られる・負ける）」

欲求（よっ きゅう） 強く欲しがり、求めること。
「一を（持つ・満たす・感じる）／（本能的・生理的・知的）な一／一不満」

私欲（し よく） 自分だけが利益を得ようとする気持ち。
「奴は一の塊だ／私利一〔＝自分ひとりの利益と、それを求める欲〕」

我欲（が よく） 自分だけの利益や満足を求める気持ち。
「一が（強い・過ぎる）／一を捨てる」

利欲（り よく） 利益を得ようとする欲望。
「一に（とらわれる・走る）」

俗気（ぞく け） お金や名誉などを欲する俗っぽい心。
「なかなか一が抜けない」
＊ぞくき・ぞっけ・ぞっきともいう。

娑婆気（しゃ ば け） 現世に執着する心。俗世の利得や名誉への欲望にとらわれた心。
「あいつはどうも一が多過ぎる」
＊しゃばっけ・しゃばきともいう。

人や物事にかかわる表現　七　欲しい

その他の表現

大欲・小欲・喉が鳴る・ハイエナ・ストイック

期待する

→ 望む・願う／大切だ／誇らしい

基本の表現 [期待する・当てにする・楽しみだ]

★たとえを使って

- 受賞者の発表を前に胸が高鳴る。
- 旅行のことを考えると胸が躍る。
- 出発の日を胸を膨らませて待つ。
- 入学式を指折り数えて待つ。
- 売れば10万円にはなると思ったが、取らぬたぬき(狸)の皮算用だった。

★オノマトペで

- 遠足が近づき、浮き浮きしている。
- 試合開始をわくわくしながら待つ。
- デートの日、兄は朝からそわそわしていた。
- 意中の人からメッセージが届き、どきどきしながら開けてみた。

期待（きたい） 良い結果や状態の実現を願い、待つこと。
「(効果・活躍・成功)を—する／—に(添う・応える)／—を(寄せる・抱く・集める・裏切る)／—外れ」

当てにする（あ） あることの実現を心の中で期待し、頼りにする。
「(助け・ボーナス・仕送り)を—」

当て込む（あ こ） 期待している事柄の実現を当てにして、物事をおこなう。
「収入増を当て込んでローンを組む」

見込む（み こ） ①当てにする。
「利益を見込んで投資する」
②将来有望だと考える。
「才能を見込んでスカウトする」

期する（き） 期待する。
「早期の完成は期し難い〔=期待できそうにない〕」

待ち望む（ま のぞ） 早く実現するようにと期待して待つ。
「(祖国解放の日・父の帰国)を—」

心待ちにする（こころ ま） 早くそうなってほしい、と期待して待つ。
「(返信・デートの日)を—」

楽しみ（たの） きっと楽しいだろう、と心待ちにする様子。
「出発の日を—に待つ／再会を—にしています／この子の成長が—だ」

人の将来などに期待する

嘱望（しょくぼう） 将来に期待を寄せること。
「将来を—される人材」

嘱目（しょくもく） その人の将来に期待を寄せ、注目して見守ること。
「皆が—している若手棋士」

必要だ・不要だ

→ 大切だ／欲しい／望む・願う

基本の表現 [必要だ・不要だ]

必要だ

必要（ひつよう） ある目的のために、なくてはならないこと。
「きみの力が一だ／登山に一な道具を買う／一に（迫られる・応じる）」

要る（いる） 必要である。
「（お金・人手・許可・根気・勇気）が一／心配は要らないよ」

要する（ようする） 必要とする。
「この仕事には（注意・時間・資金）を一／（努力・検討・許可）を一」

必須（ひっす） 絶対になくてはならないこと。
「一の（条件・知識・アイテム・要素）／卒業には論文が一だ／一科目」

不可欠（ふかけつ） 欠かせない様子。なくてはならないこと。
「植物には水と空気が一だ／受験に一（な・の）条件」

必携（ひっけい） 必ず持っていなければならないこと。
「（雨具・身分証・辞典）は一です」

必見（ひっけん） 必ず見たり読んだりしなければならないこと。見たり読んだりする価値があること。
「ファン一の書／この映画は一だよ」

入り用（いりよう） 用事などを果たすために必要であること。入用（にゅうよう）。
「入院に一な品を揃える／急に金が一になった／袋は御一ですか」

欠くべからざる（かくべからざる） 欠くことのできない。必要な。
「一条件／計画の成功のために一人物／よい空気は健康に一ものだ」

需要（じゅよう） 必要なものとして求めること。
「一に応じる／一が高まる」

ニーズ 需要。必要。要求。
「一の（高まり・多様化）」

不要だ

不要（ふよう） 要らないこと。必要でない様子。不必要。
「説明は一だ／代金は一です」

不用（ふよう） 役に立たなくなったり必要がなくなったりして、使われなくなる様子。
「一になった（建物・洋服・家電品・ベビーカー）／一品の回収」

無用（むよう） 要らないこと。
「心配は御一／問答一〔＝あれこれ議論しても無駄であること〕」

用済み（ようずみ） 用が済み、いらなくなった様子。
「一になる／一の本棚を引き取る」

127

大切だ

→ すばらしい・すぐれている／自信がある／うぬぼれる

基本の表現 [大切だ・貴重だ・重要だ・重んじる・宝]

大切だ・貴重だ

大切（たいせつ）①重要で、価値がある様子。
「―な(仕事・時期・要素・書類・話)」
②丁寧に扱い、守る様子。
「(体・道具・家族・人間関係)を―にする／―な(友達・命・本)」

大事（だいじ）①重大・重要な様子。
「―な(仕事・時期・用件・話)」
②価値のあるものとして、注意深く扱い、守る様子。
「(体・親)を―にする／この品物は一生―にします／どうぞお―に」

掛け替えのない（かけがえのない）他のものに代えられない。二つとない。とても大切な。
「―(命・人・我が子)」

代え難い（かえがたい）他のものに代えられない様子。とても大切な様子。
「何ものにも―命／彼女の存在は余人をもって―〔＝他のどんな人も、その人の代わりはできない〕」

得難い（えがたい）手に入れることが難しい。貴重だ。
「―(経験・機会・人材・情報)／なかなか―体験をした」

尊い（とうとい）とても価値が高く、大切である様子。貴重だ。
「―(命・仕事・存在・お話・教え)」
＊貴いとも書く。

貴重（きちょう）とても価値が高く、得がたい様子。
「―な(本・資料・体験・機会)／―なお時間をいただき……／―品」

プレシャス価値が高い。貴重な。高価な。
「―な(ギフト・時間・体験)」

値千金（あたいせんきん）(千金もの値打ちがある意で)とても価値が高いこと。
「―の同点ゴール／春宵一刻―〔＝春の夜のひと時は趣深く価値が高い〕」
＊価千金とも書く。

無二（むに）他に二つとないこと。かけがえがない様子。
「―の親友／当代―の名優」

唯一無二（ゆいいつむに）ただ一つの存在であり、かけがえがない様子。
「―の(友・存在)／彼の技術は―だ」

取って置き（とっておき）いざという時のために大切にしまっておくこと。また、その物。
「―のワインを開ける」

128

重要だ

重要（じゅうよう）物事の根本に関わり、とても大事である様子。

「この問題は極めて―だ／―な（課題・役割・意味・要素・仕事・資料）」

肝心（かんじん）あることにとって最も重要である様子。

「風邪には早めの休養が―だ／―要（かなめ）／いつも―な時にいない」

＊**肝腎**とも書く。

肝要（かんよう）あることにとって最も重要である様子。肝心。

「英文読解に―なのは語彙力だ」

喫緊（きっきん）とても重要で急ぐ必要がある様子。

「財政難への対応は―の課題だ」

切実（せつじつ）自分に直接関わりがあり、大切である様子。

「―な（問題・願い・声・悩み）／住民の訴えを―に受け止める」

大切にする

重んじる（おも）価値のあるもの、重要なものとして大切に扱う。

「（伝統・名誉・礼儀・世間体）を―」

＊**おもんずる**ともいう。

尊ぶ（とうと）価値のあるものとして重んじる。敬い、大切にする。

「（自然・人権・古風・師・和）を―」

＊**貴ぶ**とも書く。また、**たっとぶ**ともいう。

守る（まも）大切なものを失ったり害を及ぼされたりしないように防ぐ。

「（身・宝物・子供たち・留守・王座）を―」

尊重（そんちょう）侵したり無視したりしてはならないものとして重んじ、大切に扱うこと。

「相手の（意見・意志・立場・存在）を―する／（人権・命）を―する」

重視（じゅうし）重要で大切なものと考えて、重んじること。

「選考にあたっては人柄を―する」

珍重（ちんちょう）珍しいものとして大切にすること。

「高級品として―される食材」

大切なもの

宝（たから）とても貴重で大切なもの。宝物。

「家の―／この子は私たちの―だ／―の持ち腐れ」

虎の子（とらのこ）とても大切にしていて、手放さないもの。秘蔵の金品。

「―の貯金／子供の結婚資金に―を出す」

＊虎はわが子を非常にかわいがるといわれることから。

掌中の珠（しょうちゅうのたま）とても大切なものや最愛の子のたとえ。

「わが子を―と慈しむ／―を失う」

＊手の中に持っている珠玉の意から。

金の卵（きんのたまご）なかなか得られない、将来性のある貴重な人材。

「若くて健康な働き手は―だ」

その他の表現

エッセンシャル・マスト・キー

誇らしい

→ 自信がある／うぬぼれる／すばらしい・すぐれている

基本の表現 〔 誇(ほこ)らしい・誇(ほこ)る・名誉(めいよ)・晴(は)れがましい 〕

★たとえを使って
- 息子が表彰されて**鼻が高い**。
- 妹はコンクールで一等をとって**鼻高々**だ。
- 彼女は成績がいいのを**鼻に掛けている**。
- 大勢の前で褒められて、**小鼻をうごめかす**。

誇らしい

誇(ほこ)らしい 自分や自分に関わる人・物事が優れていると思い、得意で自慢したい気持ちだ。
「わが子の立派な姿を―／きみの勇気ある発言を**誇らしく**思う」

誇(ほこ)らか 誇らしそうな様子。「―な笑顔／賞状を―に受け取る」

自慢(じまん) 自分や自分に関わりのある人・物事を、他人に誇ること。
「弟の優しさを―に思う／―の娘」

得意(とくい) 優れている、誇らしいと思う様子。
「褒められて―になる」

誇(ほこ)らしげ 誇らしそうな様子。他人に対して、誇らしく思っている様子。

自慢(じまん)げ 他人に対して、いかにも自慢に思っている様子。
「満点のテストを―に見せる」

得意(とくい)げ 得意そうな様子。他人に対して、得意に思っている様子。
「―な顔をする／―に話す」

得々(とくとく) 得意そうな様子。
「デートの一部始終を―と語る」

揚々(ようよう) 得意そうな様子。誇らしそうな様子。
「試合に勝ち、意気―と〔＝得意気で元気のある様子で〕引きあげる」

誇る

誇(ほこ)る 自分や自分に関わる人・物事について、優れていると思う。また、そのようなものとして他に示す。
「(力・歴史・品質・規模・美しさ)を―／当店は県内随一の品揃えを**誇っています**」

誇示(こじ) 誇らしそうに示すこと。
「(強さ・勢力・権威・能力)を―する」

見(み)せ付(つ)ける 自慢したい、相手を圧倒したいなど

の意図から、わざと人に見えるように
する。
「二人の仲の良さを見せ付けられる／
力の差を一」

のろける【惚気る】配偶者や恋人
との仲の良さを、他人
に自慢げに話す。
「同僚に恋人の写真を見せて一」

豪語（ごうご）いかにも自信たっぷりに大きな
ことを言うこと。
「うちの店の味は日本一だと一する」

優越感（ゆうえつかん）自分が他人よりも優れて
いるという感情。
「一を(持つ・抱く)／一に浸る」

誇り・名誉

誇り（ほこ）誇る気持ち。また、誇る物事。
「自分に一を持つ／きみはチー
ムの一だ」

名誉（めいよ）優れている、素晴らしいと評
価されること。また、その評
価。
「一ある地位／受賞を一に思う／合
唱部の歴史はわが校の一だ／一を(守
る・回復する・傷つける)」

光栄（こうえい）高く評価されたり、大役を任
されたりして、名誉に思うこと。
「お褒めの言葉をいただき、身に余る
一です／受賞を一に思います」

栄誉（えいよ）輝かしい名誉。
「全国一の一に(輝く・浴する・あ
ずかる)」

栄えある（は）輝かしい名誉のある。
「一大賞を受ける」

晴れがましい

晴れがましい（は）多くの人に注
目される公的
な場などで、華やかで光栄だ。
「一席でスピーチをする／正装した一
姿で式に臨む」

晴れの（は）公的で華やか。晴れが
ましい。
「一(席・舞台・授賞式)」

晴れ舞台（は・ぶ・たい）多くの人の前で何かを
おこなう、晴れがまし
く重要な場面や場所。晴れの舞台。
「卒業記念の一で演奏する」

檜舞台（ひのき・ぶ・たい）自分の腕前を披露する晴
れの場所。
「予選を勝ち抜き、全国大会の一に
立つ／国際的な学会の一を踏む」
＊能や歌舞伎の、檜の板で床を張っ
た上等な舞台の意から。

人や物事にかかわる表現　誇らしい

その他の表現

自尊心・自負心・プライド・
矜持（きょうじ）

感動する

→ 心引かれる・共感する／夢中だ・没頭する／すばらしい・すぐれている

基本の表現 [感動する・しみる・感慨・うっとり]

★「胸」「心」のたとえを使って
- 強く(胸・心)を打つ物語。
- 彼女の話は皆の心を動かした。
- 聞く者の心を揺さぶるスピーチ。
- しみ入るような演奏に心を揺り動かされる。
- 老母のつぶやくような一言が(胸・心)に響いた。
  * 胸に応えるともいう。
- 子役の懸命な演技が胸に迫った。
- 聴衆の心をつかむハスキーな歌声。
  * 心を捉えるともいう。
- 優しさあふれる文面に、胸がいっぱいになる。
- 思いやりを感じ、胸が熱くなった。

★他のたとえを使って
- 見事な腕前に舌を巻く。
- 迫真の演技に、思わず鳥肌が立った。
- その曲の哀切なメロディーが、私の心の琴線に触れた。
  * 物事に触れて動かされる心の様子を琴の糸にたとえた言葉。
- 別れのシーンに、熱いものが込み上げてきた。
  * 深く感じ入り、涙があふれそうになる様子。

★オノマトペで
- 彼の素直で正直な態度が、胸にぐっと来た。
- 感動的なラストシーンに、胸がじーんとした。
- 祖母の昔話は、心にしみじみとしみるものがあった。

感動する・感心する

感動 すばらしい物事などに接して、深く心を動かされること。
「(心から・いたく)—する／深い—を(覚える・受ける・味わう・与える・呼ぶ・分かち合う)／—的な場面」

感激 素晴らしさや立派さ、また、与えられた栄誉や親切などに、激しく心を動かされること。
「(名画を見て・受賞して・温かな言葉に)—する／—のあまり泣く」

感心 優れている、立派だ、よくやった、などと心に強く感じること。
「(見事な出来ばえ・地道な努力・立派な心がけ)に—する／親思いの—な子／彼の言動には—できない」
* やや上から見るニュアンスがある。

感銘 記憶に残るほど深く感動すること。

132

「(深い・強い)—を受ける／お話を伺い、いたく—しました」

＊肝銘とも書く。

感嘆 かん たん
心に感心して褒めたたえること。

「—の(声・眼差し・ため息・色)／(名演技・精密さ・勇気)に—する」

賛嘆 さん たん
とても感心して褒めること。

「見事な演技に—の声を上げる」

感服 かん ぷく
深く感動して敬意を抱き、「かなわない」と感じること。

「(見識の高さ・度量の大きさ・地道な努力)に—する」

感じ入る・しみ入る

感じ入る かん い
心に深くしみ入って感じられる。

「誠意ある言葉に深く—」

しみ入る い
【染み入る・沁み入る】心に深く入ってくる。

「祖母の言葉が胸にしみ入った」

しみる
【染みる・沁みる】心に深く感じられる。

「心に—話／あの人の言葉は—なあ」

感慨 かん がい
しみじみと感じ入ること。

「深い—を(覚える・抱く)／故郷の村を訪れ、—に(ふける・浸る)／学生時代を思い出すと深い」

感慨無量 かん がい む りょう
はかり知れないほど感慨が大きいこと。この上なく深く感じ入る様子。

「長年の夢がかない、—だ」

感無量 かん む りょう
感慨無量。

「—の面持ちで息子の晴れ姿を眺める／これまでの苦労を思うと—だ」

感に堪えない かん た
感動や感慨が大きくてこらえきれない。

「ようやく祖国に帰り着き、—」

感極まる かん きわ
感動や感激が頂点に達する。非常に感動する。

「感極まって声を詰まらせる」

感涙 かん るい
感激や感謝のあまり流す涙。深い感動から流す涙。

「—にむせぶ／—を催す」

うっとりする

うっとり
美しさや心地よさに心を奪われる様子。

「バレリーナの美しい姿に—する／ピアノの音色に—と聞き惚れる」

酔う よ
心地よさや魅力的な雰囲気などに引き込まれ、うっとりする。

「名演奏に—／パーティーの雰囲気に酔いしれる」

心を奪われる こころ うば
心をすっかり引きつけられる。

「舞台上の熱演に—」

魅了される み りょう
心をすっかり引きつけられる。夢中になる。

「娘はサーカスの演技にすっかり魅了された」

その他の表現

泣ける・しびれる・刺さる・エモい

133

夢中だ・没頭する

→ 心引かれる・共感する／好き／楽しい／おもしろい

基本の表現 　夢中だ・のめり込む・没頭する・心を奪われる

★たとえを使って
- 白熱した展開に我を忘れて見入る。
- 寝食を忘れて研究に没頭する。
- 脇目も振らずに執筆を進める。
- 姉は韓国の歌手に熱を上げている。
- 留学してバレエを学ぶという考えに、熱に浮かされたようになる。
- 仕事もそっちのけに、ゴルフや麻雀にうつつ(現)を抜かしている。
- 道ならぬ恋に憂き身をやつす。
  ＊身が痩せ細るほど夢中になる意。「憂き身」は浮き身とも書く。

夢中だ・のめり込む

夢中　むちゅう　一つのことに心を奪われて、他のことを考えない様子。
「(ゲーム・おしゃべり・韓国ドラマ)に—になる／—で(読む・遊ぶ)／兄は新しい彼女に—だ」

のめり込む　のめりこむ　あることに強く引きつけられ、抜け出せなくなる。
「(演劇・研究・仕事・若い男)に—」

打ち込む　うちこむ　あることに精神を集中し、ひたすらそれをおこなう。
「(仕事・創作・練習)に—」

明け暮れる　あけくれる　一つのことに熱中し、それをして毎日を過ごす。
「(稽古・仕事)に—／学生時代はアルバイトに明け暮れていた」

ふける　【耽る】他のことを忘れ、そのことだけをおこなう。
「(物思い・思索・詩作・読書)に—」

没頭　ぼっとう　他のことを忘れ、一つのことに集中してそれをおこなうこと。
「(仕事・趣味・研究)に—する／勉強に—していてチャイムも聞こえない」

没入　ぼつにゅう　没頭すること。
「(物語・趣味)に—する」

熱中　ねっちゅう　あることに興奮するほど夢中になること。
「(仕事・ゲーム・部活)に—している／話に—していてバスを逃した」

一心不乱　いっしんふらん　他のことに注意をそらさず、一つのことだけに心を集中する様子。
「弟は最近—に勉強している」

専心　せんしん　専念すること。
「(研究・学業)に—する／—意—〔＝そのことだけに心を集中すること〕」

没我　ぼつが　あることに心が集中し、我を忘れる様子。

134

「作業に集中し、一の境地に達する」

忘我（ぼうが）あることに夢中になり、我を忘れる様子。

「一の境地で演奏する」

無我夢中（むがむちゅう）あることに心を奪われて、他のことを何も考えられない様子。

「一で(逃げる・駆け出す・働く)」

心を奪われる・とりこになる

心を奪われる（こころをうばわれる）心をすっかり引きつけられる。夢中になる。

「バイト先で出会った人に一」

虜（とりこ）ある物事や人に心を奪われ、逃げられなくなった人。

「恋の一になる／転入生はクラスの皆をすっかり一にしてしまった」

＊擒・俘虜とも書く。

病み付き（やみつき）ある行為にのめり込み、やめられなくなる。

「一になりそうな味」

溺れる（おぼれる）正常な思考や生活ができなくなるほど夢中になる。

「(酒・酒色・快楽)に一」

入れ込む（いれこむ）熱中する。ひどく夢中になる。

「(ご当地アイドル・競馬)に一」

入れ揚げる（いれあげる）趣味や道楽などに夢中になり、お金をつぎ込む。

「(推し・競輪)に一」

のぼせる【逆上せる】すっかり夢中になる。

「部活の先輩に一」

＊のぼせ上がるの形でも用いる。

血道を上げる（ちみちをあげる）恋の相手や道楽などにひどく夢中になる。

「(観劇・金もうけ・若い俳優)に一」

病膏肓に入る（やまいこうこうにいる）あることがひどく病みつきになり、やめられなくなる。

「彼の収集癖はもはや一状態だ」

＊「膏肓」は体内の奥深くのなかなか治療できない部位の意。

淫する（いんする）限度を超えて、夢中で行う。ふける。

「(酒色・読書・賭け事)に一」

耽溺（たんでき）道楽などにひどく夢中になり、他を顧みなくなること。

「(文学・フランス映画)に一する」

惑溺（わくでき）あることに心を惑わされ、ひどく夢中になること。

「(酒色・愛・恋人の幻影)に一する」

傾倒（けいとう）人や思想などに感服し、夢中になること。また、仕事などを、身を捧げておこなうこと。

「漱石に一する／新事業に一する」

心酔（しんすい）ある物事や人を素晴らしいと思い、夢中になったり、見習おうとしたりすること。

「(ニーチェ・中国文学)に一する」

陶酔（とうすい）心を奪われ、うっとりと浸ること。

「世界的な歌手の歌声に一する」

その他の表現

はまる・気触れる・中毒・執心・上の空・心ここにあらず

うらやましい

→ 心引かれる・共感する／くやしい／すばらしい・すぐれている／欲しい

基本の表現 | 羨ましい・妬ましい・嫉妬する

人や物事にかかわる表現 → うらやましい

羨ましい 他人が自分より恵まれているのを見て、自分もそうありたいと思う様子。
「友達が多くて―／―(話・悩み)」

羨む 他人が自分より恵まれているのを見て、自分もそうありたいと思う。
「合格した友人を―／誰もが―仲」

羨望 うらやむこと。
「日本代表に選ばれた友人は、皆の―の的だ」

妬ましい・嫉妬する

妬ましい 他人が自分より恵まれているのを見て、憎らしく思う様子。
「二人の仲の良さを妬ましく思う」

妬む 他人が自分より恵まれているのを見て、憎らしく思う。
「人の(成功・幸福・出世)を―」

そねむ 【嫉む】他人の長所や幸福をねたみ、何か悪いことが起これればいいと思う。
「同僚の(成功・才能・昇進)を―」

嫉妬 他人の幸せや才能、長所などをうらやみ、憎む気持ち。
「人の成功に―する／彼女の美しさに―を(覚える・抱く・感じる)」

妬く 人の愛情ある関係性をうらやみ、憎らしく思う。
「母が下の弟にかかりきりなので、上の弟が妬いている」
＊焼く・妬くとも書く。

焼き餅 嫉妬心のたとえ。
「仲の良い二人の様子に―を焼く」
＊「妬く」に「餅」を添えた表現。「―を妬く」とも。

岡焼き 自分には関係がないのに、他人の仲をねたむこと。
「―半分に冷やかす」
＊「おか」は関係のない他人の意。

悋気 恋愛関係にある二人の間の嫉妬心。焼き餅。
「―を起こす」

指をくわえる うらやましく思いながら、何もできずにいる様子。
「友人がどんどん成功していくのを指をくわえて見ている」

その他の表現

ジェラシー・やっかむ・よだれを垂らす・食指を動かす

136

怖い

→ あやしい／緊張する

基本の表現 [怖い・恐ろしい・怖がる・恐れる・おびえる]

★たとえを使って
- 背筋が寒くなるような話。
- 事故の様子を聞いて背筋が凍った。
- 幽霊が出たかと思い、鳥肌が立った。
  *肌に粟を生じるともいう。
- 身の毛もよだつような怪談。
- あまりに残酷な話に総毛立つ。
- 血も凍るほど怖い映画だ。
- 犯人の残虐さに身震いする。
- 危うく衝突しそうになり、肝を冷やした。
- もし事故に遭っていたらと思うと寒気がする。
- あわや崖から落ちるかと思って冷や汗をかいた。

★オノマトペで
- びくびくしながら扉を開けた。
- 子供が事故に遭ったかと思い、冷や冷やした。
- 娘はこわごわとその犬に近づいた。
  *漢字では怖々・恐々と書く。
- いかめしい老博士に、少女はおずおずと尋ねた。
  *漢字では怖ず怖ずと書く。
- また叱られるのではないかとおどおどしている。

- 恐怖のあまりがたがたと震える。
- 大きな犬にほえられて、子犬がぶるぶると震えている。
- ジャンプ台に立った時は、膝ががくがくした。
- 恐ろしさで身をわなわなと震わせている。
- 凄惨な事故現場を見てぞっとした。
- 彼の眼差しに狂気を感じ、ぞくっとした。

怖い（こわ）
自分の身に危ないことやひどいことが起こりそうで、体がすくむ感じだ。
「(高い所・夜道・犬)が一／一先生」
*恐いとも書く。

恐ろしい（おそ）
ひどいことが起こりそうだと感じたり、対象に圧倒的な力を感じたりする様子。
「一(出来事・事件・怪物・形相)／紛争に発展すると一ことになる」

おっかない
怖い。恐ろしい。
「一顔」
*主に東北・関東・東海などで使われてきた言葉とされる。

気味が悪い（き み／わる）
よくないことが起こりそうに感じら

137

れて気持ちが悪い。

「―夜道／―ほど愛想がいい」

＊「気味悪い」ともいう。

薄気味悪い

なんとなく気味が悪い。

「―（場所・道・笑み・目つき）」

不気味

気味が悪い様子。

「―な（場所・雰囲気・静寂・笑い声）」

＊無気味とも書く。

禍々しい

災いをもたらしそうで、不吉に感じられる。

「―（雰囲気・イメージ・出来事）／鮮やかな赤色が禍々しく感じられた」

末恐ろしい

主に子供や若者について、この先どうなるのかと恐ろしく感じられる。

「―（子供・選手・存在）／この年で掛け算までできるとは―子だ」

空恐ろしい

この先どうなってしまうのかと、なんだかとても不安に感じられる。

「世界中が不景気になるようで―」

心胆を寒からしめる

心の底から恐れさせる。

「その凶悪な事件は人々の心胆を寒からしめた」

怖がる・恐れる

怖がる

怖いという気持ちを言葉や態度に表す。

「（犬・暗闇・火）をひどく―」

恐れる

ひどいことが起こりそうだと感じたり、対象に圧倒的

な力を感じたりする。

「（報復・失敗・敵・火・神）を―／（ミス・批判）を恐れて及び腰になる」

恐れ

おそれる気持ち。

「―を（抱く・感じる）／―をなす〔＝怖がる、たじろぐ〕」

◆「おそれる」「おそれ」は一般的に「恐れる」と書く。神仏など圧倒的な存在をおそれ敬う場合や「おそれ多い」などかたじけなく思う場合は「畏れる」とも書く。また、「怖れる」「懼れる」「虞れる」と書くこともある。

おののく

【戦く】恐怖・寒さ・興奮などで体が震える。

「（恐怖・不安・自らの罪の大きさ）に―／敵の多さに恐れ―」

わななく

【戦慄く】おののく。

「（恐怖・怒り）に―／（唇・口元）がわなないている」

震え上がる

恐怖や寒さなどでひどく震える。

「恐ろしい顔つきを見て―」

恐怖

怖い、恐ろしいと感じること。

「―を（感じる・覚える・抱く・味わう・与える）／―に（かられる・襲われる・おののく）／―（政治・心）」

畏怖

圧倒的な力を感じるなどして、とてもおそれること。

「神を―する／―の念を抱く」

戦慄

恐ろしくて体が震えること。

「残酷な事件に―する／（背筋・人々の間）に―が走る／―を覚える」

戦々恐々

おそれてびくびくする様子。

人や物事にかかわる表現 →

怖い

「また部長に注意されるのではないか
と―としている」
＊**戦々兢々**とも書く。

兢々 きょうきょう おそれ、不安に思って、行動を控える様子。
「この大雨で崖が崩れるのではないか
と―としている」

恐慌 きょうこう おそれあわてて混乱すること。
「世界―／―状態に陥る」

慄然 りつぜん 恐ろしさでぞっとし、身を震わせる様子。
「凄惨な現場の写真に―とした」

震撼 しんかん ふるい動かすこと。人をふるえ上がらせること。
「世間を―させた大事件」

おびえる

おびえる 【怯える・脅える】怖がってびくびくする。
「（物音・どなり声・暗い予感）に―／お
びえた（顔・表情・目つき・声）」

怖じける おじける 怖くて、逃げ出したい、やめたいなどと思う。
「強面の対戦相手を見て―」
＊古い言い方で**怖じる**ともいう。

怖じ気付く おじけづく 怖くて、逃げ出したいという気持ちになる。
「番犬にひどくほえられて―」
＊**怖じ気立つ**ともいう。

ひるむ 【怯む】相手の勢いや目の前の困難などに、恐れて尻込みする。
「相手の（剣幕・怒声）に―／相手がひ
るんだ隙に逃げる」

びくつく 怖くて身が震える。びくびくする。
「風の音に―／また怒られるかと―」

浮き足立つ うきあしだつ 恐れや不安から、落ち着きをなくす。逃げ腰になる。
「クマが出たとの知らせに、皆が―」

すくむ 【竦む】恐ろしさやひどい緊張などのため、体がこわばって動かなくなる。
「怖くて（足・身・体）が―」

立ちすくむ たちすくむ 【立ち竦む】恐ろしさや驚きなどのため、立ったまま動けなくなる。
「恐ろしい光景に、（その場に・ぞっと
して・凍りついたように）―」

すくみ上がる すくみあがる 【竦み上がる】恐ろしさのあまり、体が動かなくなる。
「ライオンの姿を見て―」

縮み上がる ちぢみあがる 恐ろしさなどから、体が縮まって動かなくなる。
「祖父にどなられて―」

恐る恐る おそるおそる 恐ろしく思いながら、少しずつやってみる様子。こわごわ。おっかなびっくり。
「音のするほうに―近づく」

人や物事にかかわる表現

怖い

その他の表現

臆する・気後れする・屁^っ放
り腰・びびる・強面（こわもて）・泣く
子も黙る・鬼の形相（ぎょうそう）

心配だ

→ あやしい／安心だ

基本の表現 [心配・案じる・気遣う・憂える]

★「気」のたとえを使って
- 老父の病状が**気に掛かる**。
- 親友が落ち込んでいる様子で、朝から**気になっている**。
- 他人の言うことをそんなに**気に病む**なよ。
- 弟の帰りが遅く、**気を揉**みながら待っている。
- 旅行中、一人で留守を守る母は無事だろうかと**気が気でなかった**。

★その他のたとえを使って
- 家族を亡くした友人のつらさを思って(**胸・心**)を**痛める**。
- 娘の留学先で事件が起こり、心配で**居ても立ってもいられない**。

★オノマトペで
- 電車が遅れ、遅刻するのではないかと**やきもきする**。
- 綱渡りの演技を**はらはら**しながら見守る。
- 隠しておいたプレゼントが見つかりそうになって**冷や冷やした**。

心配 ①よくない事態になるのではないかと不安に思うこと。

「―で(たまらない・眠れない・しかたない・じっとしていられない)／(将来・行く末・病状)が―だ」
②人などを気にかけて、世話をすること。
「(陰ながら・親身になって)―する／孫の学資の―をする」

危ぶむ よくない成り行きになるのではないかと心配する。
「(計画の実現・前途)を―／このままでは卒業も**危ぶまれる**」

案じる 心配する。
「留学中の娘の身を―／(身の上・将来・先行き・容態・体調)を―」
＊**案ずる**ともいう。

気遣う 人のことを気にかけて、あれこれ心配する。
「友人の(安否・健康・体調・容態)を―／**お気遣い**ありがとうございます」

配慮 人や物事のためにいろいろと心を配ること。
「相手の(事情・立場・気持ち)を―する／(環境・人権・弱者)に―した施策／―が足りない」

気遣わしい 物事の成り行きが気にかかる。心配だ。

「患者の容態が一／気遣わしげな声で質問する」

心許ない (こころもとない)
頼りなく、不安で心配だ。
「成功するかどうか、はなはだ一／心許なげな(表情・顔つき・言い方)」

思いやられる (おもいやられる)
よくない成り行きになりそうで心配だ。
「こんなにやんちゃ娘では将来が一」

懸念 (けねん)
心配して気にかけること。
「(安全性・悪化・身体への影響)を一する／一を(抱く・持つ・示す・表明する)」

危惧 (きぐ)
危ぶむこと。
「経済の悪化を一する／一の念を抱く」

気掛かり (きがかり)
気にかかる様子。どうなるのか心配で、心から離れない様子。
「試験の結果が一だ／心に一なことがある」

胸騒ぎ (むなさわぎ)
心配や悪い予感などで心が落ち着かず、どきどきすること。
「なんだかいやな一がする／一を(覚える・感じる)」

憂える

憂える (うれえる)
世の中などがよくない状況になるのではないかと心配する。また、それを嘆き悲しむ。
「(国の将来・堕落・病身)を一」
＊愁えるとも書く。また、憂う・愁うともいう。

憂慮 (ゆうりょ)
憂えて心配すること。
「(事態・情勢・悪化)を一する／両国の関係は一に堪えない〔＝心配な気持ちを抑えられない〕」

後顧の憂い (こうこのうれい)
後々まで残る心配。
「一のないよう、財産を整理して分与する／一を(なくす・断つ)」

寒心に堪えない (かんしんにたえない)
世の中や他人の身の上が悪い成り行きになりそうで、ぞっとする。
「昨今の政治の腐敗ぶりは一」

杞憂 (きゆう)
必要のない心配。取り越し苦労。
「幸いにも私の心配は一に終わった」
＊昔、中国の杞(き)の国の人が、天が落ちてくるのではないかと心配したという、『列子』にある故事から。

人や物事にかかわる表現　心配だ

その他の表現

危懼(き)・危疑・深憂・痛心・
憂患・憂色・鬼胎(たい)を抱く

141

嫌い

→ 憎い／うっとうしい／好き

基本の表現 ［ 嫌い・嫌だ・嫌がる・渋る・気に入らない ］

★どんなふうに嫌い？

根っから ぞっとするほど 吐き気がするほど 反吐が出るほど 虫唾が走る 胸がむかつく

★どんなふうに嫌？

たまらなく どうしようもなく 死ぬほど 顔を見るのも 考えるのも

★「気に入らない」のさまざまな表現

- どの服も気に入らなくて、結局何も買わなかった。
- あいつの言うことはいちいち気に食わない。
- いばってばかりでいけ好かない男だ。
  - ＊「いけ好かない」は、感じが悪くて好きになれない様子。
- 新しい先生はどうも虫が好かない。
  - ＊「虫が好かない」は、なんとなく好きになれない様子。

嫌い（きらい） 不快に感じ、関わりを持ちたくないと思う様子。
「人混みが―だ／―な食べ物／(人間・勉強)嫌い」

大嫌い（だいきらい） 非常に嫌いな様子。
「ピーマンは―だ／―な人」

嫌（いや） 関わりを持ちたくない、やりたくないと思う様子。
「(学校・勉強・仕事)が―になる／―で―でしかたがない」
＊厭とも書く。

嫌う（きらう） ある人や物事を不快に感じ、関わりを持ちたくないと思う。
「人づきあいを―／姉は虫をひどく嫌っている」

疎ましい（うとましい） 嫌いだと思い、自分から遠ざけたいと感じる様子。
「過度な愛情を疎ましく感じる」

疎む（うとむ） 嫌って、自分から遠ざける。邪魔に扱う。
「最近、上司に疎まれている」

疎んじる（うとんじる） 嫌って、自分から遠ざける。疎む。
「よそ者扱いをして―」
＊疎んずるともいう。

厭う（いとう） 嫌だと思って避ける。
「(世・人間関係・家事・光)を―／労を厭わず働く」

忌む（いむ） ①縁起が悪いものとして避ける。
「(肉食・友引の日・近親婚)を―」
②嫌って、避ける。

142

「(不正・虚飾)を―」

忌み嫌う
ひどく嫌って避ける。「彼女は虫を―かのように扱う」

嫌悪
ひどく嫌うこと。「(戦争・大衆・うそ)を―する／―感を抱く／自己―に陥る」

悪感情
相手の言動や存在を不愉快に思う気持ち。「―を(抱く・持つ)／二人の間に―が生まれる」

忌避
嫌って避けること。「(肉食・交渉・摩擦)を―する」

毛嫌い
はっきりした理由なく、感情的にひどく嫌うこと。「(都会・病院・スポーツ)を―する」

食わず嫌い
食べたこともないものを、また、経験したことのない物事を、最初から嫌いだと決めつけること。「この作家は―で読んだことがない」

虫酸が走る
非常に不快で、嫌でたまらない様子のたとえ。「顔を見るだけで―」
＊「虫酸」は「虫唾」とも書き、胃がむかつく時にこみ上げてくる酸っぱい胃液。

まっぴらごめん
【真っ平御免】絶対に嫌だと思う様子。「あいつに頭を下げるなんて―だね」

まっぴら
【真っ平】「まっぴらごめん」の略。「(戦争・お説教)は―だ」

蛇蝎の如く
ヘビやサソリを嫌うように、ひどく嫌う様子のたとえ。「彼はなぜかその人を―忌み嫌う」

唾棄
唾を吐き捨てるように軽蔑して憎み嫌うこと。「古い因習に―する／―すべき行為」

嫌がる

嫌がる
嫌だという気持ちを言葉や態度に表す。「(学校・歯磨き・外出・仕事に行くの)を―／人が―ことはしない」

渋る
そのことをするのを嫌がる様子を見せる。「(返事・支払い・参加)を―」

ぐずる
【愚図る】幼児などが、何かを嫌がったりすねたりしてまわりを困らせる。「学校に行きたくない、と―」

嫌々
嫌だと思いながら、しかたなく物事をする様子。「―仕事をする／―ながら引き受ける」

渋々
いかにも嫌そうな様子を見せながら、しかたなく物事をする様子。「―(承知する・同意する・引き受ける・うなずく・答える)」

不承不承
気が進まない様子を見せながら、しかたなく物事をする様子。「―仕事を手伝う」
＊不請不請とも書く。

憎い

→ 嫌い／うらむ／腹が立つ／くやしい

基本の表現 [憎い・憎らしい・憎悪]

人や物事にかかわる表現 → 憎い

憎い 相手の言動や存在を許せないと思い、ひどく嫌う様子。
「(犯人・世の中・戦争・不正)が―」
*「～しにくい」(～するのが難しい)は「～し難い」と書き、嫌う意味合いはない。

憎らしい しゃくにさわり、憎いと感じさせる様子。
「―(顔つき・言葉・態度)」

小憎らしい なんとなく憎らしい。小生意気で憎らしい。
「―(ことを言う・口をきく)」

憎たらしい なんとも憎らしい。忌ま忌ましいほど憎らしい。
「あの顔つきがたまらなく―」

憎々しい なんとも憎らしい。憎たらしい。
「―笑みを浮かべる／見るからに―」

面憎い 顔を見るだけで憎らしい。
「―ほど落ち着いている」

小面憎い 顔を見るだけでなんだか憎らしい。
「生意気を言って―奴だ」

憎体 いかにも憎らしい様子。
「―な(顔つき・言葉つき)」

忌ま忌ましい しゃくにさわって腹立たしく感じられる様子。
「―(奴・顔つき・雨・野良猫)」

憎む 相手の言動や存在を許せないと思い、ひどく嫌う。
「戦争を―／罪を憎んで人を憎まず」

憎しみ 憎いと思う気持ち。
「―を(抱く・持つ・募らせる・買う)」

憎悪 ひどく憎むこと。
「―を(抱く・燃やす)」

反感 相手の言動などを不愉快に感じ、反発する気持ち。
「―を(抱く・持つ)／そんな言い方をすると―を買うよ」

憎まれ口 いかにも人に憎まれそうなことを言うこと。また、その言葉。
「―をたたく」

目の敵にする 何かにつけて敵視する。

その他の表現

敵意・敵愾心・愛憎・かわいさ余って憎さ百倍

144

うらむ

→ 憎い／腹が立つ／くやしい

基本の表現 　恨む・恨めしい・根に持つ

恨む 自分に害をなした相手を、憎いと思い続ける。
「(親・会社・運命・我と我が身)を一／初回のミスが恨まれる〔＝残念に思う〕」

恨み うらむこと。うらむ気持ち。
「一を(持つ・抱く・買う・晴らす・残す)／一に思う／一骨髄に徹する〔＝骨の芯までしみ通るほどの深いうらみを抱く〕」

恨めしい うらみたい気持ちだ。
「自分の非力が一／雨空を恨めしく思う」

◆「うらむ・うらみ・うらめしい」は一般的に「恨む・恨み・恨めしい」と書くが、「怨」「憾」の字を用いることもある。

根に持つ いつまでもうらんで忘れない。
「人前でからかわれたことを一」

怨恨 うらむこと。深いうらみ。
「一を(抱く・晴らす)／一の連鎖／個人的一」

怨嗟 激しくうらみ、嘆くこと。
「民衆から一の声が上がる」

怨念 深くうらむ思い。
「被害者の一のこもった言葉／一が(渦巻く・宿る・よみがえる)」

遺恨 忘れられず消えないうらみ。
「一を(持つ・晴らす)／一試合」

意趣 人の仕打ちに対するうらみ。
「一を晴らす／一返し〔＝仕返しをして恨みを晴らすこと〕」

宿怨 長年に渡るうらみ。
「一を抱く／代々の一を晴らす」

積怨 積もり積もったうらみ。
「言葉の裏に長年の一がある」

片恨み 相手を一方的にうらむこと。
「一されるいわれはない」

逆恨み ①うらまれかねない相手を、逆にうらむこと。
「訴え出た被害者を一する」
②相手の好意をねじまげて捉え、相手をうらむこと。
「親切心から忠告して一された」

恨事 残念でうらめしい出来事。痛恨事。
「千載の一〔＝千年も残るうらめしい出来事〕」

恩讐 人から受けた恩とうらみ。
「一を越えて再会する」

うらむ

その他の表現

私怨 ・ルサンチマン・恨みつらみ・恨み言・仇 ・敵

145

感謝を伝える言葉

→ うれしい／幸せだ／謝罪を伝える言葉

基本の表現　ありがとうございます・感謝いたします

人や物事にかかわる表現 → 感謝を伝える言葉

★基本的な表現

- （誠に）ありがとうございます／ありがたく存じます。
- （心から・誠に）感謝いたします／感謝しております。
- （厚く・心より・重ねて）御礼申し上げます。
- （心より・深く）感謝申し上げます。
- 御礼の申し上げようもございません。

★「○○に感謝しております」
感謝の対象

ご好意　ご厚意　ご高誼（＝目上の人の思いやり）　ご厚情（＝深い思いやり）　ご尽力　お心遣い　お心尽くし　お気遣い

◆「好意」「厚意」はともに相手の思いやりや親切を指す言葉だが、「好意」は親しみのある語感が、「厚意」は距離を置いた語感がある。

★助力や世話への感謝を伝える

- このたびは**お世話になりました**。
- **お世話様（でした）**。〔相手の骨折りに感謝する表現〕
- **お陰様で**、回復して復帰しました。

- 「これをお貸ししましょう」「**かたじけない（忝い）**」

★褒め言葉への感謝を伝える

- **もったいない**お言葉、ありがたく存じます。
- **身に余る**お言葉、誠に恐れ入ります。
- **かたじけない（忝い）**お言葉、**痛み入ります**。
  *「かたじけない」も「痛み入る」も、自分にはもったいないと思って恐縮する表現。
- 過分なお言葉をいただき、**恐れ多く存じます**。

★事のなりゆきなどに感謝する

- 今日は晴れてくれて**ありがたい**。
- きみが来てくれれば**願ったり叶ったり**だ。
- ともかく間に合えば**御の字**だ。

感謝　ありがたいと思い、その意を表すこと。
「お気遣い、—します／—感激／—（状・祭）」

拝謝　つつしんで礼を述べること。〔謙譲語〕

146

「平素はご高配をいただき、**一**いたします」

深く感謝する

深謝 しん しゃ 深く、心から感謝すること。
「多大なご援助に**一**いたします」

多謝 た しゃ 厚く礼を述べること。
「ご厚情**一**」〔手紙などで用いる表現〕

万謝 ばん しゃ 厚く感謝すること。
「(温情・ご厚志)に**一**いたします／**一**の念に堪えません」

感佩 かん ぱい 深く感謝して忘れないこと。佩は心にとどめること。
「師恩に**一**する／心から**一**しております」

◆「拝謝・深謝・多謝・万謝・感佩」は多く書き言葉で用いる。また、「深謝・多謝・万謝」は「深くわびる」意もあるので注意。→謝罪を伝える言葉

謝恩 しゃ おん 受けた恩に感謝すること。
「**一**(セール・会)」

謝意 しゃ い 感謝の気持ち。
「**一**を(表する・述べる・伝える)／多大なご協力に心より**一**を表します」
＊「わびる気持ち」の意もある。

御礼 お れい 感謝を表すための言葉や金品。
「**一**参り／**一**の(手紙・電話)／**一**のご挨拶に代えさせていただきます／**一**を申し述べる／厚く**一**申し上げます」
＊改まった言い方では**おんれい**となる。

幸甚 こう じん 何よりの幸せ。非常にありがたいこと。
「**一**の至り／ご高覧いただけましたら**一**に存じます」
＊多く手紙文で用いる。

感恩 かん おん 受けた恩をありがたく感じること。
「**一**の心／皆様への**一**報謝の意を込めて」

報謝 ほう しゃ 受けた恩にむくいること。
「**一**の念／寄進をして仏恩に**一**する」

恩に着る おん き 受けた恩をありがたく思う。
「ご助力、**恩に着ます**／助かった、**一**よ」

多とする た 労力や好意が並以上と認める。
「(好意・協力・ご苦労)を**一**／長年の労を**多とし**謝意を表します」

徳とする とく ありがたいものと考える。
「師の教えを生涯**一**」

感謝の念に堪えない かん しゃ ねん た 感謝してもしきれない。
「お骨折りをいただき、**感謝の念に堪えません**」

その他の表現

サンキュー・サンクス

147

謝罪を伝える言葉

→ 認める・許す

基本の表現 [申し訳ありません・すみません]

★基本的な表現

- 申し訳ありません／申し訳ございません／申し訳なく思います／申し訳なく存じます。
  - ＊目上の人相手やビジネスなどで用いる最も一般的な謝罪の表現。
- すみません／どうもすみません。
  - ＊「済まない」の丁寧な言い方で、「申し訳ありません」より気軽だが、「ごめんなさい」よりは距離がある相手に対して用いる。なお、「すいません」はくだけた言い方。
- ごめん／ごめんなさい／ごめんね／ごめんよ。
  - ＊身内や友人などに対して用いる。漢字では**御免**と書く。

★「○○申し訳ございません」

誠に　本当に　なんとも　（お手数・ご迷惑・ご心配）をおかけして　（ご要望・ご期待）に沿えず

★その他の謝罪の表現

- お詫びいたします／お詫び申し上げます。
- 恐れ入ります／恐縮です。
- 失礼しました／失礼いたしました。

- 遺憾に思います。
- 私が悪かったよ。
- （悪気・他意・悪意）はなかったんだ。

★許しを乞う表現

- どうか（堪忍・勘弁）してください。
  - ＊いずれもやや古風な言い方。「勘弁」は「もう勘弁してよ」など「これ以上はやめてほしい」という意味合いでも用いる。
- （どうか・何卒・平に・悪しからず）ご容赦ください（ますよう、お願い申し上げます）。
- ご寛恕くださいくください／ご寛恕を賜りますよう、お願い申し上げます。
  - ＊「ご海容」「ご宥恕じ」などの言い方もある。いずれも書き言葉。

陳謝 ちん しゃ　事情を説明して謝ること。
「先般の不適切な発言を一いたします」

深謝 しん しゃ　心からわびること。
「この度の不祥事につきまして、一を申し上げます」

多謝 た しゃ　深くわびること。
「妄言一」〔手紙などで用いる表現〕

148

お祝いを伝える言葉

→ うれしい／幸せだ／すばらしい・すぐれている

基本の表現　おめでとう・おめでとうございます

★祝意を伝えるさまざまな表現
- おめでとう！／おめでとうございます。
- この度の○○を心よりお祝い申し上げます。
- この度の○○に謹んでご祝詞を申し上げます。
- めでたく(還暦・古稀)を迎えられたとの由、謹んでお慶び申し上げます。
- 新春のお慶びを申し上げます。
  ＊「よろこび」は一般的に「喜び」と書くが、改まった文面などでは「お慶び」と書くことが多い。

★祝う気持ちを伝えるカジュアルな表現
　やったね！　すごい！　信じられない！　うれしいね！　あなたならできると思っていたよ！　お祝いしよう！　Congratulations!

★「○○おめでとうございます」
　お誕生日　合格　御入学　御卒業
　御進学　御成人　御結婚　御成婚
　御懐妊　御出産　御就任　御昇進
　御栄進　御栄転　御受賞　御開業
　御開店

めでたい　【目出度い】よろこび祝うべきことである様子。
「ご結婚とは―／誠にお―ことでございます」

喜ばしい（よろこ）　うれしく、よろこぶべきことである様子。
「ご懐妊とはなんとも―限りです」

寿ぐ（ことほ）　言葉で祝福する。お祝いの言葉を述べ、幸運を祈る。
「(新春・新年・勝利・繁栄・米寿)を―」
＊言祝ぐとも書く。

祝福（しゅくふく）　幸福を祝うこと。また、幸福を祈ること。
「結婚を―する／―の言葉／前途を―する／神の―がありますように」

祝賀（しゅくが）　めでたいこととしてよろこび祝うこと。
「(優勝・百周年・建国)を―する／―パーティー」

祝意（しゅくい）　よろこび祝う気持ち。
「―を(述べる・表す・伝える)」

賀意（がい）　よろこび祝う気持ち。
「―を(表する・述べる)」

人や物事にかかわる表現　お祝いを伝える言葉

その他の表現

慶賀・慶祝・年賀・祝辞・祝電・佳^よき日・佳日

149

人や物事の
ようす

すばらしい・すぐれている

→ 好き／満足だ／誇らしい／上手だ／悪い・劣っている

基本の表現 [素晴らしい・良い・優れる・完璧]

★たとえを使って
- 目の覚めるような出来栄え。
- 水際立った演技。
- 鳥肌が立つほど美しい夕日。

★他より非常にすぐれている様子
- 並外れた持久力の持ち主。
- 彼女の技術はずば抜けているね。
- あの作品は群を抜いて素晴らしかった。
- 妹の数学的才能は子供の頃から抜きん出ていた。
- やはりこの店の味が抜群だ。
- 彼の画力は美術部の中でも一頭地を抜いている。
  * 「一頭地」は頭一つ分の高さの意。
- 歌のうまさでは彼女の右に出る者がない。
- このグループの人気の高さは他の追随を許さない。
  * 他を寄せ付けないなどともいう。
- 粒揃いの俳優陣の中でも、彼の演技は異彩を放っていた。
- 県内でも指折りの強豪チーム。
  * 屈指ともいう。
- この小説は古今に絶する名作だ。
  * 昔も今も類例がない（ほど素晴らしい）意。

- 山頂からの光景は言語を絶する美しさだった。
  * 言葉で表現することができない（ほど素晴らしい）意。

★上等～最高の表現いろいろ
上等　優秀　優良　最良　最高　最上　極上　無上　至上　この上ない　第一級　一流　随一　ベスト　トップ　ナンバーワン

素晴らしい　質や内容がとても良くて、感嘆するほどだ。
「一（作品・人生・景色・天気・アイディア）／素晴らしく（晴れた・おいしい）／（想像以上に・うっとりするほど）一」

良い　質や内容が基準に合っているか、それ以上である。
「（質・天気・体調・気持ち）が一」
　* 善い・好い・佳いとも書く。口語ではいいと言うことが多い。

凄い　程度が並外れている。また、ひどく素晴らしい。
「一（雨・人気・食欲・才能）／彼の新作は一／これ全部一人で作ったの？一ね」

152

素敵（す てき） とても心が惹かれるほど素晴らしい様子。

「―な(人・服・出会い・思い出・笑顔・贈り物)／(とても・なかなか・実に)―だ／いつもより―に見える」

＊「素晴らしい」の「素」に接尾語「的」が付いた言葉といわれる。**素的**とも書く。

見事（み ごと） 結果やありようが立派で素晴らしい様子。

「―な(出来栄え・勝利・演技・眺め)／―に晴れた空／作戦は物の―に失敗した／おー！」

＊**美事**とも書く。見る価値があるほど素晴らしい意。

結構（けっ こう） 難点や欠点がなく、とても良い様子。

「―な(話・お手前・腕前・お天気)／皆様お元気そうで―ですね」

立派（りっ ぱ） 堂々として素晴らしい様子。非常に優れている様子。

「―な(建物・体格・成績・大人)／これだけできれば―だ／ごー！」

輝かしい（かがや） 光輝くように素晴らしい。華々しく立派だ。

「―(業績・成功・記録・未来)」

＊**耀かしい・赫かしい**とも書く。

目覚ましい（め ざ） 目が覚めるほど素晴らしい。驚くほど立派だ。

「―(発展・活躍・働き)／この10年の経済成長には―ものがあった」

驚異的（きょう い てき） びっくりするほど素晴らしい様子。驚くべき。

「―な(数字・成長・ヒット・回復)」

得も言われぬ（え い） 言葉では何とも表現できない(ほど素晴らしい)。

「―(味わい・香り・趣・魅力)」

冴える（さ） 技術や手際、発想などが素晴らしく鮮やかである。

「冴えた(手さばき・やり方)／今日のきみは冴えているね」

会心の（かい しん） 期待通りで満足な。よくできて心にかなう。

「―(出来・当たり・作)／―笑み〔＝よくできて満足な微笑み〕」

恐れ入る（おそ い） 素晴らしさなどに驚き感心して、かなわないと思う。

「この作品の見事さには恐れ入った」

恐るべき（おそ） 並外れた。大変な。

「―(才能・新人・スピード)」

あっぱれ 【天晴】素晴らしくて賞賛すべきである様子。立派。見事。

「敵ながら―な戦いぶり／―、よくやった！」

ほかよりすぐれている

優れる（すぐ） 能力・技術・質・価値などの程度が、他より上である。

「優れた(研究者・作品・業績)／保存性に―／人並み優れた瞬発力／(顔色・気分)が優れない」

＊**勝れる**とも書く。

勝る（まさ） 他のものと比べて、優れている。

「脚力では弟のほうが勝っている／こ

れに―ものはない」

* **優る**とも書く。また、強調して立ち勝るともいう。

秀でる（ひいでる）他より特に優れている。「一芸に―／表現力に**秀で**た作品」

上回る（うわまわる）能力・技能・数値などが基準よりも高くなる。「期待を―出来栄え／彼の技術は他の部員を**上回っている**」

凌ぐ（しのぐ）力や程度などが他を抜いて上回るようになる。「彼の成長ぶりは先輩を―勢いだね」

凌駕（りょうが）凌ぐこと。「この国の生産力は先進国を―する」

優越（ゆうえつ）他より優れていること。「輸出量では中国が他に―している」

傑出（けっしゅつ）多くのものの中で、他より飛び抜けて優れていること。「―した（人物・作品・才能・業績）」

出色（しゅっしょく）他より目立って優れている様子。「彼女の新作は―の出来栄えだ」

卓越（たくえつ）他よりはるかに優れている様子。「―した（技術・人物・才能・研究）」

卓抜（たくばつ）他より抜きん出て優れている様子。「―な（演奏・腕前・資質・ピアニスト）／政治力では彼が―している」

非凡（ひぼん）並のものに比べて非常に優れている様子。「―な（才能・人物・手腕・知識）」

人や物事のようす ● すばらしい・すぐれている

* 「―の才能」などの形でも用いる。

白眉（はくび）同類のものの中で、他より抜きん出て優れた人やもの。「ロマン主義文学の―」
* みな秀才だった兄弟の中でも、眉に白い毛のある者が特に優れていたという中国の故事から。

嚢中の錐（のうちゅうのきり）すぐれた人は隠していても現れるものだというたとえ。
* 「嚢」は「袋」。袋の中に入れた錐がたちまちその先を袋の外に現すことから。

錚々たる（そうそうたる）多くのものの中で、特に優れている。「全国から―メンバーが集まった」

圧巻（あっかん）書物や作品などの全体の中でいちばん優れている部分。「この芝居は別れの場面が―だった」

欠点がない・目的にぴったり合っている

完璧（かんぺき）欠点が一つもなく、非常に素晴らしい様子。「―を（期する・目指す）／―に（マスターする・理解する・覚える）／―な（演技・作戦・勝利・推論）」

申し分ない（もうしぶんない）不満な点や欠点がまったくなく素晴らしい。「―（出来・話・条件・成績）」
* **申し分のない**ともいう。

非の打ち所がない（ひのうちどころがない）非難すべき点がない。完璧だ。「―（作品・態度・出来栄え）」

最適〔さいてき〕目的や条件にいちばん合っている様子。

「釣りに一な日／読書に一の場所／一な（温度・量・形・ルート）」

絶好〔ぜっこう〕何かをするのにとても良いこと。

「一の（行楽日和・天気・機会）」

おあつらえ向き【お誂え向き】条件や希望にぴったり合っていること。

「舟遊びに一の天気／この部屋は仕事場に一だ」

＊あつらえ向きの形でも用いる。

うってつけ【打って付け】目的や条件にぴったり合っていること。おあつらえ向き。

「後任に一の人物／テントを張るのに一の場所」

＊釘で打ち付けたようにぴったり合う意から。

理想的〔りそうてき〕理想どおりで素晴らしい様子。

「一な（社会・関係・環境）／全計画が実現できれば一だ」

願ってもない〔ねがってもない〕たとえ願っても実現しそうにない素晴らしいことが、運よく実現する様子。

「一チャンスが訪れた／きみが引き受けてくれれば一話だ」

ほかに二つとないほど素晴らしい

類いない〔たぐいない〕他に比べられるものがないほど素晴らしい。

「世に一美しさ」

＊「類いのない美しさ」などの形でも用いる。

比類ない〔ひるいない〕類いない。

「一（美しさ・美声・名曲・武勇）」

類い稀な〔たぐいまれな〕同等のものはめったにないほど素晴らしい。

「一（美しさ・才能）」

＊「一悪人」など、良い意味以外でも用いる。

天下一品〔てんかいっぴん〕世の中に比べられるものがないほど優れている様子。

「一の（味・腕前）／ここのラーメンは一だ」

冠絶〔かんぜつ〕比べられるものがないほど、非常に優れている様子。

「（世界・古今・歴史）に一する偉業」

不世出〔ふせいしゅつ〕めったに世に現れないほど優れている様子。

「一の（天才・俳優・歌手・傑物）」

その他の表現

ご機嫌・ナイス・ワンダフル・クール・やばい

155

悪い・劣っている

→ 不満だ・不愉快だ／下手だ／すばらしい・すぐれている

基本の表現 「悪い・ひどい・不十分だ・物足りない・劣る」

悪い（わるい） 質や内容が基準より下である。よくない。

「(品質・天気・体調・成績・態度・育ち・心がけ)が―」

＊例えば「質が―」と言うよりは「質がよくない」と言うほうが、より婉曲的でソフトな表現となる。

ひどい【酷い】 質や内容が非常に悪い。

「―(味・成績・出来・負けっぷり)／この頃の彼の発言はちょっと―ね」

情けない（なさけない） 期待に応えられず、がっかりさせられる内容や状態だ。

「―(成績・結果)／(なんとも・実に・あまりに・誠に)―」

残念（ざんねん） 期待どおりにならず、不満や心残りを感じる様子。

「―な結果に終わる／敗退とは―だ」

＊「残念なアイデア」など、俗に、短所があったり質が低かったりする様子の形容にも用いる。

粗末（そまつ） 品質がよくなかったり、作りが大雑把だったりする様子。

「―な(食事・着物・身なり)」

お粗末（おそまつ） 粗末であることを、皮肉を込めて、または謙遜の気

持ちでいう言葉。

「―な(対応・計画・演技)／―で話にならない／―様でした〔＝出した食事や贈り物などに礼を言われた時の返答の言葉〕」

劣化（れっか） 品質や性能などが悪くなること。

「テレビの画質が―する／(部品・土壌)の―／経年―」

＊俗に、容貌の変化をいうこともある。また「社会の劣化」「教育の劣化」のように、豊かさや質の高さが失われる様子の形容にも用いる。

劣悪（れつあく） 質や状態が非常に悪い様子。

「―な(環境・労働条件・衛生状態・施設・品質)」

粗悪（そあく） 粗雑で質が悪い様子。

「―な品をつかまされた」

貧弱（ひんじゃく） 見すぼらしかったり、内容が不十分だったりする様子。

「―な造りの建物／―な内容の食事／(語彙・知識・発想)が―だ」

不出来（ふでき） 出来が悪い様子。

「―な(作品・弟子)／今年はトマトが―だった」

ちゃち 粗末で安っぽい様子。

「―な(作り・おもちゃ・家・考え・トリック)」

人や物事のよう す

悪い・劣っている

お寒い
（さむい）

内容が貧弱だったり粗末だったりして、情けないほどだ。

「—（計画・話・設備）」

不十分
（ふじゅうぶん）

十分でないこと。足りないところがある様子。

「（内容・準備・対策・清掃・食事）が—だ／証拠—」

＊不充分とも書く。

不足
（ふそく）

足りないこと。

「（説明・対応・金額）に—がある／—を補う／（残高・人員）が—する／（運動・睡眠・力）—」

物足りない
（ものたりない）

何か足りないように感じ、満足できない。

「（ちょっと・なんだか・少々）—／夕食は物足りなかった／どこか—作品」

食い足りない
（くいたりない）

食べ物が足りなくて満足できない。また、物事が今ひとつ不十分で、満足できない。

「全部平らげたが、まだ—／あの映画は人物描写が食い足りなかった」

飽き足りない
（あきたりない）

十分に満足できない。

「日本語訳で全巻読んだが飽き足らず、原書を読んでみることにした」

今一つ
（いまひとつ）

少し足りず、満足できない様子。

「売上は—だ／一説得力に欠ける」

＊もう一つ・いまいちなどともいう。

劣る
（おとる）

能力・質・価値などの程度が、他より下である。

「（性能・品質・精度・味・サービス）が—／（はるかに・明らかに・著しく・やや・わずかながら）—」

負ける
（まける）

他よりも力などが劣る。

「数では負けている／努力だけは誰にも負けない」

次ぐ
（つぐ）

地位や程度がそのすぐ下である。

「四番バッターに—強打者／東京に—大都市」

下回る
（したまわる）

数量や程度が基準よりも低くなる。

「今年の生産量は予測を下回った／平均を—学力」

見劣り
（みおとり）

他より劣って見えること。

「安い品はやはり—がするね／売り物と並べても—しない」

低劣
（ていれつ）

程度が低く、品がない様子。

「—な（雑誌・番組・趣味）」

劣等感
（れっとうかん）

自分が他人より劣っているという感情。

「容姿について—を抱く／—が強い」

＊英語で表すとinferiority complexだが、日本では単にコンプレックスといったりする。

その他の表現

ワースト・ブラック・最悪・最低・がっかり・ビミョー・イケてない

上手だ

→ すばらしい・すぐれている／下手だ

基本の表現 [上手だ・うまい・絶妙だ・腕が立つ・得意だ・器用だ]

★上手な人や技芸の表現

技術が高く、とても上手な人
名人　達人　妙手　名手　好手　腕利（うで）っこき　腕達者　テクニシャン

上手で得意な技芸
おはこ　十八番　御家芸　専売特許　お手の物

経験を積み、技が熟している
熟練　熟達　習熟　円熟　老成　老練　老熟　手練（てだ）れ　年季が入る

上手（じょうず） 技術や能力があり、物事のやり方が優れている様子。腕前や手際がいい様子。
「(ピアノ・日本語・商売・お世辞・世渡り)が一だ／一に(使う・書く・説明する・ごまかす)」

うまい 【上手い・巧い】上手である様子。
「(歌・絵・物まね)が一／一(表現・説明)／うまく(書く・話せない)」

巧（たく）み 物事のやり方が手際よく、上手である様子。
「一な(技・手つき・表現・外交)／言葉の一な人／一に言い逃れる」

達者（たっしゃ） 物事に慣れていて上手な様子。また、その人。達人。
「(韓国語・計算)が一だ／口の一な人／芸一」

堪能（たんのう） 学問や技芸などに優れている様子。
「中国語に一な人」

鮮（あざ）やか やり方に無駄や乱れがなく、上手で手際がいい様子。
「一な(包丁さばき・演技・腕前)／難しい技を一に決める」

見事（みごと） 上手で鮮やかな様子。
「一な(腕前・投球・分析・作戦)／一に(命中する・やってのける)」
＊美事とも書く。

長ける（たける） あることに優れている。熟達している。
「(弁論・外交・馬術)に一／世故（せこ）に一〔＝世間の事情や裏表をよく知っている〕」

冴える（さえる） 物事のやり方がとても鮮やかで優れている。
「冴えた(腕前・技)／今日の演奏はひときわ冴えていた」

神に入る（しんにいる） 技術がとても優れていて、人間業とは思えない領域に達する。
「「技、一」とはこのことだ」

158

技の見事さのいろいろ

絶妙（ぜつみょう）この上なく巧みな様子。
「―な(演技・手腕・味つけ)」

巧妙（こうみょう）物事のやり方がとても巧みで見事な様子。
「―な(トリック・細工・手口)／人形を―に操る」

精妙（せいみょう）細かなところまで見事に作られている様子。
「―な(織物・細工・仕組み・詩)」

精巧（せいこう）仕組みが細かく巧みに作られている様子。
「―な(時計・模型・機械)／―に作られたロボット」

巧緻（こうち）細かなところまで巧みである様子。
「―な(文章・模型・プロット)／―を極めた(作品・計画)」

優れた腕前を持つ様子

腕が立つ（うでがたつ）優れた腕前を持っている。
「―(職人・技師・刑事・記者)」

腕を上げる（うでをあげる）腕前を上達させる。うまくなる。
「多くの対戦をこなして腕を上げた」

腕利き（うできき）優れた腕前を持っている様子。
「―の(職人・漁師・弁護士)」

敏腕（びんわん）物事をてきぱきと的確に処理する能力がある様子。
「―(記者・プロデューサー・マネージャー)／―を振るう」

辣腕（らつわん）物事を手ぎわよく的確に処理する能力がある様子。敏腕。

「―(編集者・弁護士)／―の経営者／―を振るう」

玄人跣（くろうとはだし）素人なのに、技芸や学問などに非常に優れていること。
「彼女の(ギター・学識・料理)は―だ」
＊専門家(玄人)が自らを恥ずかしく思って裸足で逃げ出す意から。

巧者（こうしゃ）物事に慣れていてうまい様子。また、その人。
「園芸に―な人／試合―〔＝試合運びがうまいこと〕／口―〔＝口先がうまいこと〕／聞き―〔＝聞き上手〕」

得意だ

得意（とくい）そのことに慣れていて、上手で自信がある様子。
「泳ぎが―だ／インド料理なら―中の―だよ」

得手（えて）いちばん得意なこと。
「―の持久戦に持ち込む／―を伸ばす／誰にでも―不得手がある」

器用だ

器用（きよう）細かくやっかいな仕事などを上手にこなす様子。
「―に(編む・扱う・操る・立ち回る)」

小器用（こぎよう）ちょっと器用で、何でも一通りはこなす様子。
「さまざまな仕事を―にこなす／―な人／―にまとめられた文章」

手綺麗（てぎれい）手を使う仕事の仕上がりがきれいな様子。
「―な仕事／縫い物を―に仕上げる」

人や物事のよう**す**

上手だ

159

下手だ

→ 悪い・劣っている／上手だ

基本の表現　下手だ・拙い・苦手だ

★謙遜したり、励ましたりも……

- 下手な鉄砲も数撃てば当たる
  * 何度もやってみると、偶然にうまくいくことがあるというたとえ。
- 下手があるので上手が知れる
  * 比べるものがあるから優劣がわかるというたとえ。慰めとしても言う。
- 下手の横好き
  * 下手でもやたらにそれをすることを好むこと。趣味などに謙遜して言う。
- 下手は上手のもと
  * はじめから上手な人などいない、と励まして言う。

下手 技術や能力が劣っていて、物事のやり方がよくない様子。

「―な(演奏・英語・絵)／うそをつくのが(まるで・いたって)―だ／(商売・字)が―だ／―を打つ〔＝失敗する〕／―すると計画がパーだ／―に動かないほうがいい」

拙い 技術や能力が足りず、上手でない様子。

「―(字・日本語・演奏・詩)／拙くても心のこもった文章」

まずい 【拙い】出来が悪い。下手だ。

「―(字・歌・絵・運転)」

未熟 経験や修練が足りず、技術や学問、人格などがまだ必要十分な域に達していない様子。

「―な(技・演技・意見)／私は学者としてはまだまだ―だ／―者ですが、よろしくお願いいたします」

半人前 技術や能力が未熟なこと。

「口ではいっぱしなことを言うが、仕事はまだまだ―だ」

稚拙 幼稚で未熟な様子。

「―な(文章・絵・表現・質問・議論)／―だが味わいのある文字」

たどたどしい 技術や能力が足りず、動作や話し方などがなめらかでない。

「―(日本語・文字・口調・手つき)／たどたどしく(読む・話す)」

* 辿々しいと書くこともある。

ぎこちない (慣れていなくて)なめらかでない。不自然である。

「―(運転・手つき・表情)／どこかぎこちなさのある演技」

* ぎごちないとも。

160

不慣れ（ふなれ）
経験が少ないこと。
「―な（仕事・手つき）／何分―なもので、ご迷惑をおかけするかもしれません」
＊**不馴れ**とも書く。

拙劣（せつれつ）
技術や力量が足りず、下手で良くない様子。
「―な（文章・政策・やり口）」

生硬（せいこう）
未熟で硬い感じがする様子。
「―な（表現・訳文・文章）」

拙速（せっそく）
出来はよくないが、仕上がりは速いこと。
「―に事を運ぶ／―を避ける」
＊反対に、出来は良いが完成が遅いことは「巧遅」という。

古拙（こせつ）
古風で、技術は拙いが素朴な味わいのある様子。
「―な（味わい・仏像・焼き物）」

口下手（くちべた）
話すことが苦手で、うまく話せない様子。
「―だが誠実な人／―なもので、うまく伝えられるかわかりませんが……」
＊**話し下手**ともいう。

不器用（ぶきよう）
器用でない様子。要領が悪い様子。
「手先が―だ／―で世渡り下手な人」
＊**無器用**とも書く。

苦手（にがて）
そのことが得意でない様子。
「―な（科目・相手）／（水泳・計算・横文字）が―だ／人付き合いが（どうも・かなり・てんで・いまだに）―だ／―を克服する」

不得意（ふとくい）
得意でない様子。不得手。
「―な科目／（数学・料理）は―だ」

不得手（ふえて）
得意でない様子。不得意。
「英語は―だ／世渡りの―な性格／社交というものがおよそ―な人間」

不調法（ぶちょうほう）
行き届かないこと。
「―をしでかす」
＊「口―〔＝口下手〕なもので」「酒は―〔＝下戸〕でして」のように、謙遜の気持ちを表す表現として使われることがある。**無調法**とも書く。

不束（ふつつか）
気が利かないこと。
「―者（もの）ですが、よろしくお願いいたします」

非才（ひさい）
才能がないこと。また、自分の才能をへりくだっていう言葉。
「浅学―〔＝学問が浅く才能もないこと〕の身ではございますが……」

浅薄（せんぱく）
考え方や知識が浅く薄っぺらなこと。

浅はか（あさはか）
考えが浅い様子。
「―な考えが頭をよぎる」

迂闊（うかつ）
注意が足りない様子。
「―にも見逃してしまった／―なことを言わないようにしよう」

その他の表現

下手くそ・へぼ・へっぽこ・まごまご・もたもた・ぼんやり

161

かわいい

→ 美しい／好き／心引かれる・共感する／みにくい／かわいそう

基本の表現 [かわいい・愛らしい・愛しい・かわいがる]

★どんなふうに?

めっちゃ むっちゃ とびきり ひとしお たまらなく 言いようもなく 食べてしまいたいほど 抱きしめたいほど 目の中に入れても痛くないほど(可愛がる)

★「かわいい」のことわざ

- かわいい子には旅をさせよ
  - * 子供がかわいいと思うなら、甘やかさずに世の中の苦労を経験させたほうが将来のためになるという教え。

- 馬鹿な子ほどかわいい
  - * よくできて心配のいらない子よりも、失敗が多く心配な子のほうが気にかかっていとしく感じることがある、ということ。他人の子供に対しては使わない。

- かわいさ余って憎さ百倍
  - * 特にかわいい、愛おしいと思う相手に対しては、いったん憎いと思うと、特別に憎く感じられるものだということ。

かわいい【可愛い】①心が引かれ、愛さずにいられないと感じる様子。
「―(我が子・色・おじいさん・赤ちゃん)／かわいくてしかたがない」
②(他とくらべて)小さい。
「――口サイズのビスケット」
* もとは「顔映ゆし」→「かはゆし」で、「気恥ずかしい」意を表した語。江戸時代に「かはいい」の形になった。「可愛」は当て字。

かわいらしい【可愛らしい】いかにもかわいい様子。
「―(人形・顔立ち)／かわいらしく(笑う・小首を傾げる)」

◆「自分がかわいい」とはいうが、「自分がかわいらしい」とはいわない。

素敵〔す てき〕とても心が引かれるほど、かわいらしく素晴らしい様子。
「―な人形／このスカート、―だね」

魅力的〔み りょくてき〕人をとりこにするような力のあるさま。
「―な(人・人柄・笑顔)」

可憐〔か れん〕かわいらしく、守りたいと感じられる様子。

162

人や物事のようす

かわいい

しおらしい おとなしく、かわいい。
「そっと**しおらしく**咲いている花」

愛すべき いかにもかわいらしく、好ましい。
「一(少女たち・人・文房具)」

微笑ましい（ほほえ）好ましくて、思わずほほえみたくなる感じだ。
「カバの親子の一姿／**微笑ましそうに**目を細める」

憎めない（にく）かわいらしいところがあって、憎もうと思っても憎むことができない。
「一奴／とんでもないいたずらっ子だが、一ところがある」

うい【愛い】(目下の者が)感心でかわいい様子。
「でかした、一奴だ」
＊古風な表現。

愛嬌（あい・きょう）表情や身ぶりなどが、かわいらしくて親しみやすいこと。
「一のある(顔・目元)／一をふりまく／一者（もの）／一たっぷりに言う／一がこぼれる」
＊愛敬とも書く。

小さなもの・幼い子がかわいい

愛らしい（あい）(幼児や小動物などが)いかにもかわいらしい。
「一(しぐさ・花・風情)／**愛らしさ**をたたえる」

愛くるしい（あい）(幼児や小動物のしぐさなどが)たまらなくかわいらしい。
「一(寝顔・笑顔・瞳)」
＊「くるしい」は接尾語。「愛苦しい」と書かない。

あどけない 無邪気でかわいらしい。
「一(笑顔・笑い方・声・顔つき)／一表情を浮かべる／まだ**あどけなさ**の残る少年」

いとけない【幼い・稚い】小さくてかわいらしい。いじらしい。
「一(子・しぐさ)」

いたいけ【幼気】おさなくてかわいらしい。いじらしい。
「一盛り〔＝いちばんかわいい年頃〕の男の子／親を待つ一な子供」
＊もとは「痛き気」で、「心が痛くなるほどかわいい」意と言われる。強調の接尾語「ない」をつけて**いたいけない**とも。

いじらしい 子供や弱いものの懸命な姿などが、健気で見る者の心を打つ様子だ。
「一(気持ち・心持ち)／**いじらしさ**に(打たれる・感動する)／親を追う子の一姿」

円らな（つぶ）まるくてかわいらしい。
「一(瞳・目)」

かわいいと思う気持ち

愛しい（いと）かわいくて愛情を感じる様子。
「一(我が子・気持ち)／大切に守ってきた一品々／**愛しさ**が(込み上げる・

胸いっぱいに広がる）」

＊多く、愛する相手や子供など、身近な存在についていう。

愛おしい

かわいくて、大切にしたいと感じる様子。

「孫が愛おしくてたまらない／愛おしさが（つのる・胸に迫る）」

＊多く、弱いものやはかないもの、身近な存在などについていう。

外来語の表現

キュート

元気な感じでかわいらしい。

「ーな（声・バッグ・ピンク・モチーフ）／弾けるようなー笑顔」

＊若さや幼さのニュアンスがある。

チャーミング

かわいらしくて魅力的だ。

「ーな人／はにかんだ笑顔がーだ」

プリティー

かわいい。

「ーな雑貨／ープライス〔＝低価格〕」

＊英語のprettyは景色などの形容にも用いる。

ラブリー

かわいくてたまらなく愛らしい。

「なんてーな赤ちゃん！／ーな柄のスカート」

かわいがる

かわいがる

【可愛がる】かわいいと思って、大切に扱う。

「（ペット・孫・息子・部下）をー／我が子同様にー」

慈しむ

弱い者や守るべき対象を、かわいがり大切にする。

「（我が子・老母・生きとし生けるもの・生命・自然・海）をー」

愛おしむ

かわいいと思い、深い愛情を持って大切にする。

「（子供・一人きりの弟・小さな生き物・命）をー」

愛おしがる

いとおしいと思う気持ちをしきりに表す。

「孫をしみじみとー」

＊愛しがるともいう。

愛玩

小動物などをかわいがり、大切にすること。

「ペットをーする／ー動物」

＊「舶来の磁器をーする」などのように、工芸品などを大切にして楽しむ意にも用いる。

愛護

かわいがり、大切に守ること。

「動物ー週間／児童はーされるべき存在である」

猫かわいがり

【猫可愛がり】ネコをかわいがるように、ひたすら甘やかしてかわいがる。

「初孫をーする」

その他の表現

めんこい・きゅんきゅん

人や物事のようす

かわいい

美しい

→ かわいい／すばらしい・すぐれている／心引かれる・共感する／みにくい

基本の表現 『 美しい・きれい・優雅・華やか 』

★どんなふうに？
とびきり ひときわ この上なく
ほれぼれするほど 息をのむほど
見とれるほど ぞっとするほど 目
が覚めるほど 絵のように 花のよ
うに 匂うように 妖しく 日に日
に（美しくなる）

美しい 目や耳、心に心地よく感じ
られる様子。
「―（花・風景・音楽・声・言葉・友情）／
心の一人」

美 美しいこと（もの）。
「自然の―／曲線―」

麗しい 気品があって美しい様子。
美しく魅力的な様子。
「―（貴婦人・声・眼差し）」
＊「―友情」などのように、精神的に
美しく、見る者の心をうるおすよ
うである意にも用いる。

絶美 このうえなく美しい様子。
「風光―／―な（姿・景色）」

見目麗しい 顔かたちがうるわ
しい様子。
＊「見目」は眉目とも書く。

見目良い 顔かたちが美しい。
「―（若者・娘）」

＊眉目とも好いとも書く。

秀麗 他よりひときわ姿が整っていて
美しい様子。
「―な容貌／―な山容〔＝山の姿〕／雲
が晴れ、富士山が―な姿を現した」

眉目秀麗 顔かたちがすぐれて美
しい様子。
「―な俳優／―の青年」
＊特に男性の容貌の整った美しさを
いう。

美貌 美しい顔かたち。
「―を誇る／まれに見る―の持
ち主」

明眸皓歯 美しく澄んだ瞳と白く
整った歯。顔かたちの
美しい人をいう言葉。
「―の美人」
＊中国・唐代の詩人杜甫が楊貴妃
の美しさをうたった言葉。

水の滴るよう 人の姿が、生
気に満ちてみ
ずみずしく美しい様子。
「―な美しさ」

流麗 文章や詩、音楽などが、調子
がなめらかで美しい様子。
「―な（文章・叙述・筆跡・文字）／―か
つ力強さのあるデザイン」

美辞麗句 うわべを美しく飾り立てた言葉。

「―を並べ立てたスピーチ／空疎な―にすぎない」

美妙 なんとも言えないほど美しい様子。

「―な音色」

さっぱりした美しさ

きれい 【綺麗・奇麗】①目や耳に快く感じられる様子。

「―な(花・声・発音)／今夜は星が―だ」

②汚れがなく清潔な様子。

「―な部屋／机の上を―に片づける」

端麗 姿や形が整っていて美しいこと。

「容姿―」

端整 顔立ちや姿が美しく整っている様子。

「―な(顔立ち・横顔・姿・眉)」

＊**端正**とも書く。

清楚 飾り気がなく、清潔で美しさが感じられる様子。

「―な(服装・身なり)」

＊主に女性の服装や姿などにいう。

楚々 可憐で美しい様子。

「―とした(態度・花)」

＊人についていう場合は多く女性のことをいう。

小ぎれい 【小綺麗・小奇麗】派手さはないが、好感を感じられる様子。

「―にしている店／―な服装」

優雅な美しさ

優雅 落ち着いた気品があって美しい様子。

「―に(歩く・踊る・泳ぐ・微笑む)／―な(物腰・手つき・身のこなし・デザイン・ドレス・ワルツ)」

優美 おだやかな気品があって美しい様子。

「―な(姿・筆跡・形)／―なシルエットのコート」

優しい 上品で美しい様子。「―顔立ち／―物腰の老紳士」

たおやか 【嫋やか】姿形や動きがしなやかで、上品な美しさのある様子。

「―な(姿・物腰)／―に揺れる花」

エレガント 落ち着いて上品な美しさのある様子。優雅な様子。

「―に(歩く・着こなす)／―な(人・装い・ドレス・会話・方法)」

雅び 上品で優美な様子。宮廷風で優雅な様子。

「―な(装い・姿・行事)／―に装う」

雅びやか いかにも雅びな様子。いかにも宮廷風な様子。

「―な(美しさ・衣装)／―に舞う」

﨟長けた 洗練された気品と美しさがある。

「―貴婦人」

＊主に女性について用いる言葉。**﨟闌けた**とも書く。

166

華やか
はな
花のように明るく美しい様子。
「―な(色・香り・衣装・人・場)／―に(彩る・着飾る・盛り上げる・笑う)」

きらびやか
【煌びやか】きらきらと輝くように美しい様子。
「―に(飾る・着飾る)／―な(衣装・照明・パーティー・音楽)」

あでやか
【艶やか】華やかでなまめかしく美しい様子。
「―な振袖姿／―に微笑む」
＊主に女性について用いる言葉。

華麗
か れい
「―な(衣装・ワルツ・平安絵巻・文体)／広告業界へ―な転身を遂げる／―に(舞う・着飾る)」

美麗
び れい
非常にあでやかで美しい様子。
「―な(装飾・衣装・建築・宮殿)／―をきそう」

絢爛
けん らん
きらびやかで美しい様子。
「―たる(衣装・文明・王朝文化・俳優陣)／豪華―」

妖艶
よう えん
なまめかしく、あやしいほどに美しい様子。
「―な(笑み・雰囲気・色気・姿態)」

明媚
めい び
山水の景色が清らかで美しい様子。
「―な景観／温暖で―な保養地」

風光明媚
ふう こう めい び
自然の景色が清らかで美しい様子。
「―の地／―な渓谷」

絶勝
ぜっ しょう
景色がこの上なく美しく優れている様子。また、その土地。
「眼下に台地を一望する―の地」

景勝
けい しょう
景色が美しく優れている様子。また、その土地。
「―の地として知られる湖／―地」

絶景
ぜっ けい
この上なく素晴らしい景色。
「まさに天下の―だ／崖の上から―を望む」

山紫水明
さん し すい めい
山水の景色が清らかで美しい様子。美しい景色。
「―の里／―の地に遊ぶ」
＊山は紫色にかすみ、川は明るく澄んでいる意。

人や物事のようす

美しい

艶つやか・匂におやか・淑としやか・ビューティフル・スマート・グレース・美ちゅら

みにくい

→ 悪い・劣っている／かわいい／美しい

基本の表現 〔 醜い・不格好・見苦しい 〕

人や物事のようす 😊😌 みにくい

醜い 姿形やふるまいなどがよくなく、見て不快に感じられる様子。
「―(姿・顔・争い)／あまりに激しい嫉妬は―／醜くゆがんだ表情」

不格好 形や姿の見た目が整わず、美しくない様子。
「―な(形・鼻)／帽子を―にかぶる」
＊不恰好とも書く。

醜悪 外見やおこないが、嫌悪を感じるほどみにくい様子。
「―な(姿・争い・夢)」

醜怪 みにくく奇怪な様子。
「―な(容貌・光景・魔物)」

グロテスク 不快になるような、異様で奇怪な様子。
「―な(形・昆虫・仮面・絵)」

見苦しい

見苦しい 不快な感じで、見たくないと思わせる様子。
「―(服装・言い訳)／内輪もめは―」

みっともない 見苦しい。外見やふるまいが整っていなくて恥ずべきだ。
「―(格好・姿・発言・食べ方)／人前で夫婦げんかするなんて―」
＊「見たくもない」の変化した語。

見すぼらしい 見た目がとても貧弱な様子。
「―(姿・服装・家)／見すぼらしく薄汚れたコート」

はしたない 身なりや態度につつしみがなく、下品な様子。
「―まねはやめなさい」
＊「中途半端」の意の「はした」に強調の接尾語「ない」がついたもの。

卑しい 品がなく、見て気持ちがよくない様子。
「―(ふるまい・食べ方)／卑しく笑う」

醜態 みにくく見苦しいふるまいや状態。恥ずべきありさま。
「酔って―をさらした／―を演じる」

老醜 年をとって外見や心がみにくくなること。
「―をさらす／―の身を恥じる」

無様 体裁が悪く、見苦しい様子。
「―に(転ぶ・負ける・這いつくばる・酔っぱらう)／―な姿を見せる」
＊不様とも書く。

その他の表現

格好が悪い・不細工・あられもない

168

かわいそう

→ 悲しい／心引かれる・共感する／心配だ／かわいい

基本の表現 「 かわいそう・哀れだ・気の毒だ・
哀れむ・同情する 」

★「かわいそうで○○」
ならない　たまらない　見るに堪え
ない　見るに忍びない　見ていられ
ない　いたたまれない　やりきれな
い　胸がつぶれそう　涙が出てくる

かわいそう【可哀想・可哀相】つらそうだ、恵ま
れていないなど、見ていて同情して
しまうような状況にある様子。
「―な(子・身の上)／―なことをした」

◆「かわいそう」は「気の毒」に比べ、
自分より弱いものや小さなものに
対する同情のニュアンスがある。

哀れ 見ていてしみじみ悲しくなるよ
うな状況にある様子。
「―な(声・子・人生)／犠牲者を―に思
う／見る者の―を誘う姿」

気の毒 相手の苦痛や困難な状況
に同情して、心が痛む様
子。
「火事に遭ったとは―だ／―な(話・
人・結果)」

不憫 弱いものなどの、かわいそうに
思える様子。哀れな様子。
「―な子／あの人が―でならない」

＊不愍とも書く。

痛ましい 見ていてつらくなるほ
ど悲惨だったり不幸
だったりする様子。
「―事故／被害者の家族の―姿」

痛々しい 見ていてつらくなるほ
ど気の毒な様子。
「痩せた姿が―／腕の包帯が―」

労しい 気の毒で、同情せずにはい
られない様子だ。
「お子様を亡くしたとはお―限りだ」

哀れむ・同情する

哀れむ 相手をしみじみとかわいそ
うに思う。同情する。
「病気の子を―／人を―ような(眼差
し・目・微笑)」
＊憐れむとも書く。

同情 他人の苦しみや悲しみを、その
人の身になって、我がことのよ
うに思いやること。
「心から―する／―を(寄せる・覚える・
抱く・引く・誘う・得る・集める)」

憐憫 哀れむこと。かわいそうに思う
こと。
「―の情を抱く／―の涙を流す」
＊憐愍とも書く。

あやしい・不思議だ

→ 怖い／心配だ／信用する・頼る

基本の表現 [怪しい・不思議だ・疑わしい・怪しむ]

人や物事のようす ④/⑨ あやしい・不思議だ

★何が？

雲行きが　天気が　空模様が　足元が　手元が　動きが　挙動が　先行きが　記憶が

怪しい

①正体がわからず、気味が悪い。警戒すべきもののようだ。

「一(人影・人物・雰囲気・声)／荒れ果てた**怪しげな**家」

②疑わしい。信用できない。

「刑事が一とにらんだ人物／あの二人は一〔＝隠された関係がありそうだ〕」

＊「不思議な魅力がある」意では**妖しい**とも書く。

不思議

なぜそうなのか理屈や常識では理解できない様子。

「一な(事件・夢)／(実に・なんとも・世にも・我ながら)一／一としか言いようがない／摩訶一〔＝非常に不思議な〕」

奇妙

理屈では説明がつかず、不思議である様子。

「一な(出来事・事件・話)／彼が来ないなんて一だな」

妙

不思議で怪しい様子。

「一に(静かだ・素直だ・優しい・胸騒ぎがする)／一な(事件・うわさ)」

気味が悪い

よくないことが起こりそうで、気持ちが悪い。

「墓地のあたりは一／一ほど静かだ」

＊**気味悪い**ともいう。

不気味

気味が悪い様子。

「一な(森・鳴き声)／ドアの音が一に響く」

＊**無気味**とも書く。

奇怪

とても奇妙で怪しい様子。怪しく不思議な様子。

「一な(話・事件・行動・伝説)」

＊強調して**奇っ怪・奇々怪々**ともいう。

面妖

奇妙で不思議な様子。

「はて、一なこともあるものだ」

＊古い言い方。「奇妙だ、不思議だ」の意の「名誉(めいよう)」が変化した語。「面妖」は当て字。

不可解

理解しようとしても理解できない様子。

「一な(出来事・行動・夢)／彼女の言うことは私にはまったく一だ」

謎めいた

意味や真相がわからず、謎のように感じられる。

「一(言葉・笑み・人物)」

神秘的 <ruby>神<rt>しん</rt></ruby><ruby>秘<rt>び</rt></ruby><ruby>的<rt>てき</rt></ruby> 人知を超えた不思議なことだと感じられる様子。

「一な(湖・微笑・力・体験・美しさ)」

ミステリアス 謎めいていて神秘的な様子。

「一な(雰囲気・人物・魅力・過去)」

疑わしい

疑わしい <ruby>疑<rt>うたが</rt></ruby>わしい 信用できず、疑いたくなるところがある様子。また、不確かである様子。

「一(記事・人物)/(明日の天気・目標の達成)は一」

いぶかしい 【訝しい】変なところがあって疑わしい。不審だ。

「彼の話には一点がある/いぶかしげな目つき/いぶかしそうに聞く」

いかがわしい 怪しげだ。信用できない。

「一(人物・業者・態度)」

うさん臭い <ruby>臭<rt>くさ</rt></ruby>い 【胡散臭い】様子がなんとなく怪しく、疑わしい様子。

「一(人物・話・商売)」

きな臭い <ruby>臭<rt>くさ</rt></ruby>い 不正などがありそうで、なんとなく疑わしい。

「この商談は何やら一」

＊「国境周辺がきな臭い」など、戦争などが起こりそうな意にも用いる。

臭い <ruby>臭<rt>くさ</rt></ruby>い 疑わしい。怪しい。

「あの男が一」

うろん 【胡乱】挙動などが怪しく疑わしい様子。

「一な人物/その役人に、住民たち

は一な目を向けた」

眉唾物 <ruby>眉<rt>まゆ</rt></ruby><ruby>唾<rt>つば</rt></ruby><ruby>物<rt>もの</rt></ruby> 真偽の疑わしいもの。だまされる心配のあるもの。

「どうも一の情報のようだ」

怪しいと思う

怪しむ <ruby>怪<rt>あや</rt></ruby>しむ 怪しいと思う。不思議に思う。

「(彼女の言動・二人の関係)を一/人に怪しまれるようなことはするな」

勘繰る <ruby>勘<rt>かん</rt></ruby><ruby>繰<rt>ぐ</rt></ruby>る 何かよくないことを隠しているのではないかと、あれこれ勝手に推量する。

「言葉の裏を一/二人で何か企んでいるのではないかと一」

＊特に、自分に関することを隠しているように疑う意味合いがある。

邪推 <ruby>邪<rt>じゃ</rt></ruby><ruby>推<rt>すい</rt></ruby> ひがみなどから、相手の考えを悪い方に推測する。

「夫の行動を一する」

疑念 <ruby>疑<rt>ぎ</rt></ruby><ruby>念<rt>ねん</rt></ruby> 疑う気持ち。疑い。

「一を(抱く・持つ・晴らす・払拭する)/一が(生じる・頭をもたげる・湧く・残る)」

けげん 【怪訝】不思議だったり疑わしく思ったりして、納得できない様子。

「一な(顔・表情・目)/一そうに聞く」

疑心暗鬼 <ruby>疑<rt>ぎ</rt></ruby><ruby>心<rt>しん</rt></ruby><ruby>暗<rt>あん</rt></ruby><ruby>鬼<rt>き</rt></ruby> 疑う気持ちがあると、なんでもないことまで恐れたり疑ったりしてしまうことのたとえ。

「心配が高じて一になる」

＊「疑心暗鬼を生ず」の略。『列子』にある言葉。

人や物事のようす ②③ あやしい・不思議だ

うっとうしい・面倒だ

→ 嫌い／不満だ・不愉快だ／腹が立つ

基本の表現 [うっとうしい・面倒だ・うるさい・陰気だ]

人や物事のようす ⓒⓒ うっとうしい・面倒だ

うっとうしい 【鬱陶しい】①

つきまとってきたり重苦しかったりして、じゃまだ、払いのけたいと感じられる。

「伸びた前髪が―／スパムメールが多くて―／いちいち詮索されて―」

②心がふさいで晴れ晴れしない。

「雨が続いて―／嫌なことが続いて―気分だ」

疎ましい

嫌だ、避けたいなどと感じられる。

「(母の干渉・人の目)が―／声を聞くだけで疎ましく感じる」

厭わしい

不愉快で、嫌だ、遠ざけたいと感じられる。

「(人づきあい・長い冬)が―」

わずらわしい・面倒だ

煩わしい

複雑だったり気を使うことが多かったりして、面倒だ。

「(手続き・近所づきあい)が―」

面倒

手間がかかり、できればやりたくないと感じられる様子。また、そのような事柄。

「―な作業／父に見つかったら―だ／ご―をおかけします」

厄介

扱いに手間がかかり、面倒臭いこと。

「―な(仕事・問題・人・事態)／―なことになった／―事ゴ／―者ゴ(＝他人に迷惑をかける人)」

億劫

面倒でやる気になれない様子。

「出かけるのが―になる／物を言うのも―だ」

◆「面倒」はわずらわしいと感じている気持ちのほう、「厄介」はわずらわしい物事自体のほうを表して用いられることが多い。「億劫」は面倒臭くてやりたくない気持ちを表す。

ややこしい

複雑でわかりにくい。

「―(問題・手続き・計算・説明)／口を出すと話が余計ややこしくなる」

面倒臭い

とても面倒に感じられる。

「―(仕事・相手)／何もかも面倒くさくなった」

＊「めんどくさい」「邪魔臭い」などということもある。

しち面倒

「面倒」を強めた言い方。

「―くさい」

＊七面倒とも書く。

172

煩雑（はんざつ） 物事が込み入っていてわずらわしい様子。
「ーな手続き／説明がーになる」

繁雑（はんざつ） 物事や仕事が多すぎて、ごたごたしている様子。
「受付の業務はとてもーだ」

煩多（はんた） 面倒なことが多い様子。
「ーなサポート業務を覚える」

繁多（はんた） 仕事や用事が多く忙しい様子。
「ーな政務をこなす／御用ーのところ恐縮です」

手が掛かる（てがかかる） 細かく面倒を見る必要がある。世話が焼ける。
「この観葉植物は世話にー」

手間が掛かる（てまがかかる） 労力や時間を必要とする。
「ー仕事／**手間が掛からない料理**」

うるさい・気に障る

うるさい 【煩い・五月蝿い】しつこくつきまとったり、文句や細かな注文が多かったりして、わずらわしい。
「（前髪・世間の目）がー／**うるさく**（まとわりつく・言う・干渉する）」

うざい わずらわしい。うっとうしい。[俗語]
「（伸びた髪・勧誘）がー」
＊「うざったい」の略で、元は東京都多摩地方の方言とされる。

気に障る（きにさわる） 不愉快な気持ちを起こさせる。
「いちいちーことを言う／隣の部屋の生活音がー」

目障り（めざわり） 見て不快に感じられること。
「ーな（カーテン・看板）」

耳障り（みみざわり） 聞いて不快に感じられること。
「ーな（金属音・声）／車の音がーだ」

鼻持ちならない（はなもちならない） 言動が耐えられないほど嫌味で不愉快な様子。
「ー男／あの気取った態度がー」

鼻に付く（はなにつく） 態度などが、うっとうしく感じられる。
「（自慢げな言い方・先輩気取り）がー」

陰気だ・暗い

陰気（いんき） 活気や明るさが感じられず、晴れ晴れしない様子。
「ーな（人・性格・顔つき・部屋・集まり）／ーに（笑う・黙り込む）」

陰鬱（いんうつ） 陰気でうっとうしい様子。また、心などが晴れない様子。
「ーな（天気・雨・冬・表情・気分）」

暗鬱（あんうつ） 暗くてうっとうしい様子。また、気分が暗く沈む様子。
「ーな（空模様・日々・小説・表情）」

憂鬱（ゆううつ） 気持ちがふさぎ込んで晴れない様子。
「（ひどく・日に日に・すっかり）ーになる／ーな（気分・雨・出来事・現実）」

鬱々（うつうつ） 悩みや不安、わだかまりがあり、心が晴れない様子。
「ーと日々を送る／気分がーとする」

辛気臭い（しんきくさい） 気持ちが晴れず、滅入ってくる様子。
「ー顔をするなよ／ー話だ」
＊もとは関西地方の方言。

人や物事のようす うっとうしい・面倒だ

173

おもしろい

→ 楽しい／好き／心引かれる・共感する／つまらない

基本の表現 ［ 面白い・楽しい・愉快だ ］

★どんなふうに？
とても面白い
抜群に　飛び切り　とてつもなく
この上なく　すこぶる　なかなか
案外
とてもおかしい
無性に　涙が出るほど　ちゃんちゃら
おかしくて○○
たまらない　しかたがない　笑いが
止まらない

★面白くて大笑いする
どんなふうに？
腹を抱えて笑う　腹の皮がよじれる
ほど笑う　抱腹絶倒する　笑い転げ
る　笑いこける
どんな笑い？
爆笑　大爆笑　大笑い　高笑い

面白い 興味深い。また、楽しくて
笑い出したくなる感じだ。
「―(本・話・アイデア・漫画・ジョーク)
／試合の展開が**面白く**なってきた」

楽しい 心が満ち足りて、明るく愉
快に感じられる様子。
「―(人・絵本・会話)／**楽しく**(遊ぶ・暮

らす・過ごす)／時のたつのを忘れる
ほど**楽しかった**」
＊愉しい・娯しいとも書く。

愉快 楽しくて心が浮き立つ様子。
「―な(人・旅・人生・物語)／休
日を海で―に過ごした」

おかしい 笑い出したくなるよう
な面白さがある。
「―(話・格好)／この漫画は本当に**お
かしかった**」
＊可笑しいと書くこともある。

面白おかしい ひたすら面白
くて、笑い出
したくなる感じだ。
「―話／**おもしろおかしく**(語る・語っ
て聞かせる・暮らす)」

痛快 胸がすっとするようで、とても
気持ちがいい様子。
「―な(小説・演説)／あの逆転シュー
トは実に―だった」

痛快無比 ほかに比べるもののな
いほど痛快なこと。
「―な(活躍・主人公・ドラマ)」

滑稽 おどけていて、笑いを誘う様
子。
「―な(しぐさ・演技・格好・顔つき)」
＊「滑稽な争い」など、ひどく馬鹿げ

ている意にも用いる。

ひょうきん　【剽軽】気軽で笑いたくなるような言動ばかりする様子。
「―な(人・しぐさ・顔つき)／―者﹅﹆」

コミカル　滑稽で笑いを誘う様子。
「―な(演技・タッチ)／二人の友情を―に描いた作品」

ユーモラス　ユーモアがある様子。おかしみのある様子。
「―な(歌詞・しぐさ・表情)／愛犬との日々を―に綴った エッセイ」

笑える　おかしくて笑わずにいられない。
「このジョークは何度聞いても―」
＊「笑える話だ」など、軽蔑のニュアンスを含めて使うこともある。

笑わせる　①人を笑うように仕向ける。
「おかしなことばかり言って人を―」
②嘲笑したくなる。ばかげている。
「あの人が政治家になりたいだなんて、―よ」

傑作　突飛で面白みがある感じだ。
「そいつは―だ」
＊もとは「非常にすぐれた作品」の意。

臍が茶を沸かす　おかしくてたまらないこと、また、ばかばかしくてしかたがないことのたとえ。
＊臍で茶を沸かす・臍で笑う・臍が笑うなどともいう。

臍が宿替えする　おかしくて、臍が

位置を変えるほどだというたとえ。
「あの人の話を聞いていると―」
＊臍が入唐渡天﹅﹆するともいう。

「面白み」のいろいろ

興　楽しさや面白さ。また、座興。
「パーティーに―を添える」

一興　ちょっとした楽しみや面白み。変わっていておもしろいこと。
「ひなびた村を訪れるのも―だ」

醍醐味　物事の真奥の面白さ。深い味わい。
「(旅・人生)の―を味わう」

妙味　なんとも言えないすぐれた味わいや趣。
「―のある作品／釣りの―を味わう」

…応え　…して満足できるような、面白い質や量の程度。
「読み―のある(記事・小説)／見―のない映画」

ひねり　普通とちょっと違う工夫や趣向。
「―の利いた(ストーリー展開・せりふ・質問・問題・プレゼント)」

機知　その場に応じた鋭い才知。ウィット。
「―に富んだ(会話・返答)」

ユーモア　機知に富み、人の心を楽しませる面白み。
「―のある人／―が漂う作品／―を解さない／―に乏しい」

その他の表現

ファニー・笑い話・笑い種﹅﹆・噴飯・乙﹅な

175

つまらない

→ 退屈だ・飽きる／不満だ・不愉快だ／おもしろい

基本の表現 [つまらない・退屈・平凡・下らない・野暮]

★どんなふうに？

ひどく　あまりに　まったく　恐ろしく　あくびが出るほど　何もかも　味も素っ気もない　砂を嚙むよう

つまらない
【詰まらない】面白くない。興味を持てない。

「ー(番組・授業・問題・日常・人生・人・存在)／部活が**つまらなく**なった」

退屈
面白くなく、興味を持てない様子。また、することがなくて時間を持て余す様子。

「ーな(本・話・日々・人)／雑誌を見てーをまぎらす」

味気ない
味わいや面白みがなく、つまらない。

「ー(話・人生)／帰国後は毎日が**味気なく**感じられた」

＊**あじきない**ともいう。

無味乾燥
味わいや面白みがまったくない様子。

「ーな(文章・会話・手紙・毎日)」

単調
同じような状態がつづいて、変化にとぼしい様子。

「ーな(毎日・曲)／ーで面白みに欠ける」

散文的
しみじみした味わいや趣がなく、平坦な様子。平凡で世俗的である様子。

「ーな(人生・会話)／会社と家を往復するだけのーな生活」

興醒め
何かがあって、それまでの興味や楽しい気分が消えてしまうこと。

「隣の席から苦情を言われてーした／一気にーだ」

白ける
盛り上がっていた気分がさめる。興醒めする。

「(場・座)がー／その一言で皆**白けて**しまった」

索然
おもしろみを感じられず、興醒めする。

「ーたる思い」

平凡な・取るに足りない

平凡
特に優れた点も特徴もなく、ありふれている様子。

「ーな(毎日・人生・高校生)」

取るに足りない
取り上げるだけの価値がない。つまらない。

「ー(存在・問題・話・うわさ)」

＊**取るに足らない**ともいう。

ちっぽけ
とても小さい様子。取るに足りない様子。
「一な(存在・悩み・プライド・幸せ)」

些細
小さく細かなことで、重要ではない様子。取るに足りない。
「一な(出来事・問題・ミス・けんか)／そんな一なことを気にするな」
＊瑣細とも書く。

瑣末
重要ではない、ちょっとしたことである様子。些細。
「一な(問題・事務仕事・間違い)／一なことにこだわる」
＊些末とも書く。

卑小
取るに足りないこと。ちっぽけで価値がない様子。
「一な(存在・人間・考え)／おのれの一さを思い知る」

冴えない
鮮やかさや輝きがなく、何か物足りない。
「一(顔・人生・アイディア・成績)」

ぱっとしない
勢いがなく振るわない。冴えない。
「一(成績・存在)」

くだらない

下らない
程度が低く、まともに取り上げる価値がない。
「一(話・雑誌・人間・冗談)／(実に・まったく・あまりに)一」

馬鹿馬鹿しい
非常にくだらない。ばかげている。
「一(質問・仕事・うわさ話)」

たわいない
幼稚で、取るに足りない。しっかりしていない。
「一(考え・うそ・思いつき)／まったく一、子供の言うことですが……」
＊たわいのない・他愛ないの形でも用いる。

愚にも付かない
ばかばかしくて話にならない。ばかげている。
「一(話・考え・冗談・質問)」

碌でもない
何の値打ちもない。くだらない。
「一(話・人間・番組・仕事)」

埒もない
たわいなく、とりとめがない。
「一(空想・おしゃべり・会話)／あそこに行きたい、ここに行きたいと一ことを言う」

野暮だ

野暮
人の気持ちや事情の微妙なところがわからない様子。洗練されず、鈍感な様子。
「一なことを言わないで／一な質問」

無粋
人の気持ち、特に恋愛関係の微妙なところがわからない様子。また、遊び心や情趣がなく、つまらない様子。
「一な(人・客・質問)／昔ながらの通りに一な建物が建ってしまった」
＊不粋とも書く。

その他の表現

ナンセンス・由ない・けち

味わいを伝える言葉

→ すばらしい・すぐれている／好き

基本の表現　[おいしい・まずい・甘い・しおからい・
すっぱい・苦い・からい]

人や物事のようす ◉◉ 味わいを伝える言葉

★「味」を表す基本的な言葉

味　味わい　味わう　賞味する　風味　香り　後味　後口　味覚

五味(味の5種類)

甘い　しおからい(鹹い・塩辛い)　酸っぱい　苦い　辛い

食感のいろいろ

食感　口当たり　喉越し　舌触り　歯触り　歯応え

★「おいしい」を表す言葉

おいしい(美味しい)　旨い

どんなふうに?

ほっぺたが落ちそう　顎が落ちそう　口に合う　舌鼓を打つ〔=あまりのおいしさに舌を鳴らす〕

おいしい味のいろいろ

美味　旨味　滋味　醍醐味　甘露〔=特に飲み物がとてもおいしいこと〕

★「まずい」「味がない」を表す言葉

まずい(不味い)　味が無い　無味　大味　水っぽい　気が抜けている

どんなふうに?

口が曲がるほど　吐き出すほど　犬も食べないほど

★「あまい」を表す言葉

あまい味の表現

甘い　甘ったるい　甘辛い　甘じょっぱい　甘酸っぱい　甘美〔=甘くて美味な様子〕　甘口　甘味・甘み　甘党

どんなふうに?

たまらなく　とてつもなく　恐ろしく　すさまじく　頭が痛くなるほど　砂糖のように　お菓子のように　とにかく　ほんのり　すっきり　べたべたと

あまいものの例

砂糖　菓子(チョコレート、ケーキ、アイス、あんこ)

★「しおからい」を表す言葉

しおからい味の表現

塩辛い　しょっぱい　辛い　塩気　鹹味〔=塩からい味〕

＊東日本では「しょっぱい」、西日本では「からい」という。

どんなふうに?

口が曲がるほど　涙が出るほど

しおからいものの例

塩　醬油　漬物

★「すっぱい」を表す言葉
　すっぱい味の表現
　　酸﹅い　酸っぱい　酸味
　どんなふうに？
　　口がすぼまるほど　口が曲がるほど
　　涙が出るほど　レモンのように
　すっぱいものの例
　　酢　レモン　梅干し

★「にがい」を表す言葉
　にがい味の表現
　　苦い　ほろ苦い　苦味﹅に﹅が﹅
　どんなふうに？
　　胆汁たんのように　胃液のように　口
　　が曲がるほど
　にがいものの例
　　茶　コーヒー　ビール　ゴーヤー
　　魚のワタ　青汁　ふきのとう

★「からい」を表す言葉
　からい味の表現
　　辛い　辛口　ぴり辛　中辛　大辛
　　激辛　麻辣マーラー〔=花椒と唐辛子の、舌が痺
　　れるような辛さ〕
　どんなふうに？
　　ぴりっと　ぴりりと　ひりひり　ぴ
　　りぴり　痺れるほど　燃えるように
　　焼けるように　（舌・喉・口の中）が焼
　　けるほど　飛び上がるほど
　からいものの例
　　唐辛子　カレー　わさび　山椒

★「しぶい」「えぐい」を表す言葉
　しぶい味・えぐい味の表現
　　渋い　えぐい　えごい　えがらっぽ

い　いがらっぽい　灰汁あくっぽい
　どんなふうに？
　　口が曲がるほど　渋柿のように
　しぶい・えぐいものの例
　　渋柿　茶　ワイン　竹の子　未熟な
　　果実　タバコ

★「濃い／薄い」を表す言葉
　濃い味の表現
　　濃い　濃厚　しつこい　くどい
　　脂っこい　こってり
　薄い味の表現
　　薄い　淡い　淡泊　薄味　薄塩　甘
　　塩　あっさり　さっぱり　すっきり
　　水っぽい　淡麗〔=酒の味がすっきりして
　　癖がない様子〕　素材の味を生かした

★香り・においを表す言葉
　よい香りがする
　　香り高い　こうばしい（香ばしい・芳
　　ばしい）　かんばしい（芳しい・香しい・
　　馨しい）　芳醇ほうじゅん〔=特に酒の香りと味が
　　よい様子〕　芳烈〔=よい香りの強い様子〕
　よくないにおいがする
　　臭くさい　なまぐさい（生臭い・腥い）
　　血腥ちなまぐさい　金臭かなくさい〔=特に水が、金
　　属のにおいや味がする様子〕　土臭い　泥
　　臭い　青臭い　鼻を刺す　鼻を突く
　　鼻に付く

★その他の味わいを表す言葉
　　まろやか　マイルド　まったり　フ
　　ルーティ　ジューシー　ドライ　辛
　　口　濃口〔=醤油などの味や色が濃いこと〕
　　薄口〔=醤油などの味や色が薄いこと〕

あ

ああでもないこうでも
ない ———— 95
愛 ———— 108
哀感 ———— 41
愛玩 ———— 164
愛嬌 ———— 163
愛くるしい ———— 163
愛顧 ———— 107
愛護 ———— 164
愛好 ———— 106
哀愁 ———— 41
愛執 ———— 111
愛情 ———— 108, 109
愛すべき ———— 163
愛する ———— **108**
愛惜 ———— 55
哀切 ———— 41
愛憎 ———— 144
開いた口が塞がらない
———— 74
逢い引き ———— 112
愛慕 ———— 110
愛らしい ———— 162, 163
喘ぐ ———— 45
青息吐息 ———— 44
青臭い ———— 179
青筋を立てる ———— 48
赤恥 ———— 78
アガる ———— 31
上がる ———— 80
飽き飽き ———— 103
飽き足りない ———— 157

飽き足りる ———— 22
飽きる ———— 22, **103**
呆れ返る ———— 73
呆れ果てる ———— 73
あきれる［呆れる］
———— **70**, 73
悪意はない ———— 148
悪感情 ———— 143
悪戦苦闘 ———— 44
アクティブ ———— 37
灰汁っぽい ———— 179
…あぐねる ———— 87
明け暮れる ———— 134
顎が落ちる ———— 178
憧れ ———— 114
憧れる ———— 113, 114
阿漕 ———— 125
あごを出す ———— 64
あごを撫でる ———— 33
浅はか ———— 161
鮮やか ———— 158
味 ———— 178
味が無い ———— 178
足が棒になる ———— 64
味気ない ———— 176
味わい ———— 178
味わいを伝える言葉
———— **178**
味わう ———— 178
焦る ———— **96**, 97
啞然 ———— 74
仇 ———— 145
値千金 ———— 128
徒情け ———— 112

あたふた ———— 96
頭が痛い ———— 95
頭に来る ———— 48
頭に血が上る ———— 50
頭を痛める ———— 94
頭を抱える ———— 86, 94
頭を悩ませる ———— 94
あたら ———— 55
熱いものが込み上げる
———— 132
圧巻 ———— 154
熱くなる ———— 31
呆気にとられる ———— 73
あっさり ———— 179
あっと言わせる ———— 70
あっぱれ ———— 153
あっぷあっぷ ———— 86, 101
当て込む ———— 126
当てにする ———— 119, 126
あでやか ———— 167
後味 ———— 178
後口 ———— 178
あどけない ———— 163
後の祭り ———— 56
穴があったら入りたい
———— 75
豈図らんや ———— 72
脂っこい ———— 179
甘い ———— 178
甘辛い ———— 178
甘口 ———— 178
甘塩 ———— 179
甘じょっぱい ———— 178
甘酸っぱい ———— 178

甘ったるい ……… 178
甘党 ……… 178
甘味 ……… 178
甘んじる ……… 23
怪しい ……… **170**
怪しむ ……… 170, 171
危ぶむ ……… 140
改まる ……… 81
あられもない ……… 168
ありがたい [有り難い]
……… 15, 146
ありがたく存じます
……… 146
ありがとうございます
……… 146
淡い ……… 179
合わせる顔がない ……… 77
慌ただしい ……… 99
慌てふためく ……… 97
慌てる ……… 96, 97
鮑の片思い ……… 108
哀れ（だ）……… 169
哀れむ ……… 169
泡を食う ……… 70
安逸 ……… 29
暗鬱 ……… 173
安閑 ……… 29
あんぐりと ……… 70
暗礁に乗り上げる ……… 86
案じる ……… 140
安心だ ……… **26**
安全 ……… 37
安堵 ……… 26
アンニュイ ……… 59

安寧 ……… 35
安穏 ……… 35
アンハッピー ……… 63
安楽 ……… 29
アンラッキー ……… 63

い

言い寄る ……… 109
意外 ……… 72
いかがわしい ……… 171
いがらっぽい ……… 179
怒り ……… 49
怒り狂う ……… 50
怒り心頭に発する ……… 51
怒る ……… 49
遺憾 ……… 55
如何ともし難い ……… 90
遺憾なく ……… 23
遺憾に思います ……… 148
意気 ……… 37
生き生き ……… 36
息が詰まる ……… 80
息苦しい ……… 47, 80
意気込む ……… 83
意気消沈 ……… 59
息急き切って ……… 97
行き詰まる ……… 86, 87
憤り ……… 49
憤る ……… 49
生き恥 ……… 78
意気揚々 ……… 33
息を凝らす ……… 80
息を殺す ……… 80

威儀を正す ……… 80
息をつく ……… 26
息を呑む ……… 70
居苦しい ……… 47
いけ好かない ……… 142
イケてない ……… 157
憩う ……… 28
遺恨 ……… 145
異彩を放つ ……… 152
勇む ……… 83
いじいじ ……… 95
いじける ……… 53
意趣 ……… 145
萎縮 ……… 80
いじらしい ……… 163
居住まいを正す ……… 80
いそいそ ……… 15
意想外 ……… 72
忙しい ……… **99**
急ぐ ……… **96**
いそしむ ……… 83
磯の鮑の片思い ……… 108
依存 ……… 119
いたいけ ……… 163
痛々しい ……… 169
痛し痒し ……… 86
板挟み ……… 92
痛ましい ……… 169
痛み入ります ……… 146
労しい ……… 169
一意専心 ……… 85
一途 ……… 84
意中の人 ……… 112
一流 ……… 152

一喜一憂 ……… 17
一興 …… 19, 175
慈しむ ……… 164
一刻を争う ……… 96
一生懸命 …… 82, 84
一心 ……… 85
一心不乱 ……… 134
一頭地を抜く ……… 152
逸楽 ……… 19
居ても立ってもいられ
ない ……… 98, 140
厭う ……… 142
愛おしい …… 110, 164
愛おしがる ……… 164
愛おしむ ……… 164
いとけない ……… 163
愛しい
…… 108, 109, 162, 163
暇を盗んで ……… 84
厭わしい ……… 172
意に適う …… 22, 107
犬も食べない ……… 178
命懸け ……… 85
命冥加 ……… 35
祈る ……… 122
意表を突く ……… 72
畏怖 ……… 138
いぶかしい ……… 171
忌ま忌ましい … 49, 144
今一つ ……… 157
忌み嫌う ……… 143
忌む ……… 142
嫌（だ）……… 142
嫌々 ……… 143

嫌がる …… 142, 143
卑しい ……… 168
依頼心 ……… 119
いらいら［苛々］（する）
…… 51, 52, 53, 96, 98
苛立つ …… 53, 98
苛つく …… 53, 98
入り用 ……… 127
要る ……… 127
入れ揚げる ……… 135
入れ込む …… 110, 135
色事 ……… 112
色めき立つ ……… 31
色めく ……… 31
色をなす ……… 50
陰鬱 ……… 173
因果 ……… 63
陰気（だ）…… 172, 173
淫する ……… 135
インパクト ……… 73

う

うい［愛い］……… 163
ウィッシュ ……… 123
右往左往 ……… 92
迂闊 ……… 161
浮かない ……… 59
浮かれる ……… 15
浮き足立つ ……… 139
浮き浮き …… 15, 126
憂き身をやつす ……… 134
憂き目 ……… 47
受け入れる ……… 120

有卦に入る ……… 25
受ける ……… 107
右顧左眄 ……… 93
憂さ ……… 58
うざい ……… 173
うさん臭い ……… 171
うじうじ ……… 94
後ろ髪を引かれる
…… 55, 56, 92
後ろ暗い ……… 56
後ろめたい ……… 56
薄味 ……… 179
薄い ……… 179
うずうず ……… 98
薄気味悪い ……… 138
薄口 ……… 179
薄塩 ……… 179
うたかたの恋 ……… 112
疑わしい …… 170, 171
内気 ……… 78
打ち込む …… 83, 134
打ち萎れる ……… 58
打ちのめされる ……… 58
打ちひしがれる ……… 58
有頂天 ……… 15
鬱 ……… 58
鬱々 …… 58, 173
美しい ……… **165**
うつつを抜かす ……… 134
うってつけ ……… 155
うっとうしい ……… **172**
うっとり …… 132, 133
鬱勃 ……… 36
移り気 ……… 112

さくいん
う

うつろ ································ 59
腕が立つ ·············· 158, 159
腕利き ················· 158, 159
腕達者 ··························· 158
腕に覚えがある ········· 33
腕を上げる ·················· 159
疎ましい ············ 142, 172
疎む ····························· 142
疎んじる ······················ 142
頷ける ·························· 115
うなだれる ·················· 57
唸る ······························ 45
うぬぼれ ······················ 66
うぬぼれ屋 ·················· 67
うぬぼれる ·················· **66**
うはうは ······················ 17
うまい ·························· 158
うまい［旨い］ ·········· 178
倦まず弛まず ·············· 84
旨味 ····························· 178
倦む ····························· 103
呻く ······························ 45
うら悲しい ·················· 40
うら寂しい ·················· 60
うら恥ずかしい ·········· 75
恨み ····························· 145
恨み言 ·························· 145
恨みつらみ ················· 145
うらむ［恨む］ ·········· **145**
恨めしい ············· 54, 145
うらやましい［羨まし
い］ ·························· **136**
羨む ····························· 136
うららか ······················ 21

うるうる ······················ 43
うるさい ············ 172, 173
麗しい ·························· 165
愁える ·························· 42
憂える ··············· 140, 141
うれしい［嬉しい］
 ·························· **14**, 15
嬉しい悲鳴 ·················· 16
嬉し涙 ·························· 16
売れっ子作家のよう
 ································· 99
うろうろ ······················ 93
うろたえる ·················· 89
うろん ·························· 171
浮気 ····························· 112
上の空 ·························· 135
上回る ·························· 154
運が開ける ·················· 25
運が向く ······················ 25
うんざり ······················ 103
運の尽き ······················ 62

悦に入る ··············· 17, 22
悦楽 ······························ 19
得手 ····························· 159
エネルギッシュ ·········· 36
エモい ·························· 133
得も言われぬ ············· 153
選り好み ······················ 107
襟を正す ······················ 80
エレガント ················· 166
怨恨 ····························· 145
怨嗟 ····························· 145
円熟 ····························· 158
エンジョイ ·················· 19

おあつらえ向き ········· 155
御家芸 ·························· 158
追い追い ······················ 102
おいしい ······················ 178
老いらくの恋 ············· 112
お祝いを伝える言葉
 ······························· **149**
謳歌 ······························ 19
往生 ······························ 88
逢瀬 ····························· 112
旺盛 ······························ 36
応接に暇がない ········· 101
懊悩 ······························ 95
嗚咽 ······························ 43
大味 ····························· 178
大忙し ·························· 100
大急ぎ ·························· 96
大辛 ····························· 179

OK 121
大恥 78
大船に乗る 27
大目に見る 121
大笑い 174
大わらわ 84, 100
お陰様で 146
おかしい 174
岡惚れ 111
岡焼き 136
お冠 52
お気に入り 107
臆する 81, 139
おごり 66
おごり高ぶる 66
怒る 48, 49
おごる 66
お寒い 157
惜しい 54, 55
怖じ気付く 139
怖じける 139
惜しむ 55
汚辱 79
おずおず 137
押せ押せになる 101
お世話様 146
お世話になりました
.... 146
お粗末 156
恐る恐る 139
恐るべき 153
恐れ 138
恐れ入ります
.... 146, 148

恐れ入る 71, 81, 153
恐れ多く存じます 146
恐れる 137, 138
恐ろしい 137
おたおた 86
お高くとまる 67
穏やか 35
落ち込む **57**
落ち着く 26
おっかない 137
億劫 172
おっとり 102
押っ取り刀 96
乙な 175
お手上げ 86
お手の物 158
汚点 78
おどおど 80, 137
劣っている **156**
躍り上がる 14, 74
劣る 156, 157
驚き呆れる 73
驚き入る 71
驚き桃の木山椒の木
.... 74
おどろく［驚く］ **70**
おなか一杯 103
鬼の形相 139
鬼の首を取ったよう 14
おののく 138
おはこ 158
おびえる 137, 139
溺れる 135
お祭り気分 16

汚名 78
おめでとう 149
おめでとうございます
.... 149
思い 110
思い上がる 66
思いあぐねる 91, 94
思い余る 94
思い起こす 116
思い返す 116
思いがけない 70, 72
思い焦がれる 109
思い出す 116
思い詰める 94
思い出 116, 117
思い悩む 94
思い残す 55
思いの丈 110
思いの外 72
思い惑う 91
思い迷う 91
思い乱れる 94
思いも寄らない 74
思いやられる 141
思い煩う 94
思いを懸ける 108
思いを残す 55
思いを寄せる 108
思う 109
おもしろい［面白い］
.... 18, **174**
面白おかしい 174
面伏せ 77
面映ゆい 76

さくいん
お

重んじる ……… 128, 129
親のすねをかじる … 118
御山の大将 ……… 67
及ばぬ鯉の滝登り
………………… 108
お慶びを申し上げます
………………… 149
御礼 ……………… 147
おろおろ … 43, 86, 93
お詫びいたします … 148
恩讐 ……………… 145
恩に着る ………… 147
怨念 ……………… 145
御の字 ……… 22, 146
おんぶする ……… 119
おんぶに抱っこ … 118

か

賀意 ……………… 149
快感 ……………… 20
懐旧 ……………… 117
懐郷 ……………… 117
懐古 ……………… 117
悔悟 ……………… 56
悔恨 ……………… 56
快哉を叫ぶ ……… 16
会心（の）… 22, 33, 153
回想 ……………… 117
慨嘆 ……………… 42
快調 ……………… 36
快適 ……………… 20
海容 ……………… 121
快楽 ……………… 19

代え難い ………… 128
顧みる …………… 117
顔から火が出る …… 75
顔に紅葉を散らす …… 75
顔向けができない …… 77
香り ……………… 178
香り高い ………… 179
顔を輝かせる …… 14
顔をくしゃくしゃにする
………………… 14
輝かしい ………… 153
書き入れ時 ……… 101
火急 ……………… 96
可及的速やかに …… 97
蝸牛の歩み ……… 102
がくがく ………… 137
かくしゃく ……… 34
確信 ………… 32, 118
愕然 ……………… 71
格闘 ……………… 85
欠くべからざる …… 127
掛け替えのない …… 128
駆けずり回る …… 101
かしこまる …… 80, 81
佳日 ……………… 149
カジュアル ……… 29
過信 ………… 66, 118
片恨み …………… 145
片思い …………… 111
がたがた ………… 137
肩が張る ………… 80
敵 ………………… 145
火宅 ……………… 47
硬くなる ………… 80

片恋 ……………… 111
かたじけない …… 146
固唾を呑む ……… 81
肩で息をする …… 64
肩の凝らない …… 80
肩の荷が下りる …… 27
肩身が狭い ……… 79
肩を落とす ……… 57
かちかち ………… 80
がちがち ………… 80
かちんと来る …… 49
隔靴掻痒 ………… 98
がつがつ ………… 124
がっかり（する）
………………… 57, 157
がっくり ………… 57
格好が悪い ……… 168
がっつく ………… 124
ガッツポーズ …… 17
葛藤（する）… 91, 92
かっとする ……… 48
活発 ……………… 36
渇望 ……………… 123
活力 ……………… 36
金臭い …………… 179
悲しい …………… **40**
悲しげ …………… 41
悲しむ ……… 40, 41
気触れる ………… 135
過分 ……………… 146
壁に突き当たる …… 86
壁にぶつかる …… 86
果報 ……………… 25
構わない ………… 120

がみがみ 48
裃を脱ぐ 28
神頼み 119
雷に打たれたよう 70
我欲 125
からい［辛い］
178, 179
辛口 179
かりかり 51
華麗 167
可憐 162
過労 65
かわいい **162**
かわいがる 162, 164
かわいさ余って憎さ百
倍 144
かわいそう **169**
かわいらしい 162
感恩 147
看過 121
感慨 132, 133
感慨無量 133
かんかん 48
汗顔 78
歓喜 16
感興 19, 114
感極まる 133
甘苦 44
勘繰る 171
感激 132
歓呼 16
閑古鳥が鳴く 60
感じ入る 133
感謝 146

感謝いたします 146
癇癪玉が破裂する 51
癇癪を起こす 51
感謝の念に堪えない
147
感謝を伝える言葉
146
甘受 121
含羞 76
寛恕 121
感傷 41, 63
感情移入 115
関心 113
感心 132
肝心 129
寒心に堪えない 141
歓声 16
冠絶 155
感嘆 133
肝胆を砕く 47
干天の慈雨 15
感動（する）**132**
艱難 46
艱難辛苦 44
癪に障る 51, 53
感に堪えない 133
堪忍 121, 148
堪忍がならない 50
堪忍袋の緒が切れる
50
感佩 147
かんばしい 179
がんばる［頑張る］**82**
甘美 178

感服 133
完璧 152, 154
勘弁 121, 148
願望 122, 123
甘味 178
鹹味 178
感無量 133
冠を曲げる 52
感銘 132
肝要 129
歓楽 19
感涙（にむせぶ）
16, 133
甘露 178
歓を尽くす 19

き

気合い 37
気合を入れる 82
キー 129
聞いて呆れる 73
消え入りたい 75
喜悦 16
消えてしまいたい 75
気炎 37
記憶 117
気後れ（する）
80, 81, 139
気落ちする 57
気がある 109
奇怪 170
気が多い 112
気が置けない 28

気掛かり ……………… 141
気が気でない … 96, 140
気が済む ……………… 22
気が急く ……………… 96
気が抜ける …………… 178
気兼ね ………………… 81
気が張る ……………… 80
気が晴れる …………… 21
気が休まる …………… 27
祈願 …………………… 123
危疑 …………………… 141
聞き入れる …………… 120
聞き苦しい …………… 47
嬉々として …………… 16
希求 …………………… 123
危懼 …………………… 141
危惧 …………………… 141
ぎくっと ……………… 70
聞くは一時の恥、聞か
　ぬは一生の恥 ……… 79
気苦労 ………………… 65
機嫌が悪い …………… 53
ぎこちない …………… 160
気丈夫 ………………… 27
疑心暗鬼 ……………… 171
傷つく ………………… **62**
傷つける ……………… 62
期する ………………… 126
気勢 …………………… 37
奇跡的 ………………… 73
気ぜわしい …………… 99
期待（する）………… **126**
鬼胎を抱く …………… 141
機知 …………………… 175

貴重（だ）…………… 128
きつい ………………… 44
気遣う ………………… 140
気疲れ ………………… 65
気遣わしい …………… 140
喫驚 …………………… 71
喫緊 ……………… 96, 129
狐につままれたよう
　……………………… 74
気詰まり ……………… 81
気強い ………… 27, 119
気長 …………………… 102
きな臭い ……………… 171
気に入らない ………… 142
気に入る ……………… 106
気に掛かる …………… 140
気に食わない ………… 142
気に障る ……………… 173
気に染む ……………… 107
気になる ……… 113, 140
気に病む ……… 94, 140
記念 …………………… 117
疑念 …………………… 171
気の毒（だ）………… 169
気の迷い ……………… 93
気恥ずかしい ………… 75
気晴らし ……………… 19
気張る ………………… 83
忌避 …………………… 143
希望 …………………… 122
気骨が折れる …… 47, 65
きまりが悪い …… 75, 77
気味が悪い …… 137, 170
奇妙 …………………… 170

決め兼ねる …………… 91
気もそぞろ …………… 96
気持ちがいい ………… **20**
肝を潰す ……………… 70
肝を冷やす …… 70, 137
逆上 …………………… 50
逆境 …………………… 63
杞憂 …………………… 141
求愛 …………………… 109
窮状 …………………… 47
休心 …………………… 26
窮する ………………… 87
窮地 ……………… 47, 88
キュート ……………… 164
窮迫 …………………… 89
急ピッチ ……………… 98
牛歩 …………………… 102
窮乏（する）…… 86, 89
急を要する …………… 96
きゅん ………………… 113
きゅんきゅん
　……………… 115, 164
興 ……………… 19, 175
器用（だ）…… 158, 159
驚異的 ………… 73, 153
強運 …………………… 25
恐悦至極 ……………… 17
驚愕 …………………… 71
共感（する）… **113**, 114
驚喜 …………………… 16
狂喜 …………………… 16
兢々 …………………… 139
恐慌 …………………… 139
僥倖 …………………… 25

さくいん

き

興醒め ……………………… 176
矜持 …………………… 33, 131
享受 ………………………… 18
郷愁 ……………………… 117
恐縮 ………………………… 81
興じる ……………………… 18
狂信的 …………………… 119
驚嘆 ………………………… 71
仰天 ………………………… 71
驚天動地 ………………… 73
驚倒 ………………………… 71
興に入る …………………… 19
興に乗る …………………… 18
恐怖 ……………………… 138
興味 ……………………… 113
興味津々 ………………… 113
共鳴 ……………………… 115
享楽 ………………………… 18
狂恋 ……………………… 112
許可 ……………………… 120
歔欷 ………………………… 43
虚脱 ………………………… 59
ぎょっと …………………… 70
きょとんと ………………… 74
虚無的 ……………………… 59
許容 ……………………… 120
きょろきょろ ……………… 91
嫌い ……………………… 142
嫌う ……………………… 142
気楽（だ）………………… 28
きらびやか ……………… 167
きりきり舞い …………… 100
きれい …………… 165, 166
キレる ……………………… 49

気を入れる ………………… 82
気を落とす ………………… 57
気を引き締める ………… 80
気を揉む ………… 96, 140
気を緩める ………………… 28
気をよくする ……………… 17
欣喜雀躍 ………………… 15
緊急 ………………………… 96
欣々 ………………………… 16
欣然 ………………………… 16
琴線に触れる
　　　　………… 115, 132
緊張（する）……………… **80**
金の卵 …………………… 129

く

食い上げ …………………… 89
食い兼ねる ………………… 89
食い足りない …………… 157
食い詰める ………………… 89
悔いる ……………………… 56
悔いを残す ………………… 55
空虚 ………………………… 59
クール ……………… 21, 155
苦海 ………………………… 47
苦界 ………………………… 47
苦学力行 ………………… 44
苦境 ………………… 47, 88
苦行 ………………………… 47
臭い ……………… 171, 179
くさくさ …………………… 58
腐る ………………………… 58
ぐじぐじ …………………… 91

挫ける ……………………… 57
苦汁 ………………………… 46
苦渋 ………………… 46, 95
苦心 ………………… 47, 85
苦心惨憺 ………………… 44
ぐすぐす …………………… 43
ぐずぐず …………………… 91
くすぐったい ……………… 76
ぐずつく …………………… 92
ぐずる ……………………… 143
くすん ……………………… 43
苦節 ………………………… 46
苦戦 ………………………… 47
苦楚 ………………………… 47
くたくた …………………… 64
ぐたぐた …………………… 65
くたばる …………………… 65
くたびれる ………………… 64
下らない ………… 176, 177
口当たり ………………… 178
口惜しい …………………… 54
口がすぼまる …………… 179
口が曲がる …… 178, 179
口に合う ………………… 178
唇を噛む …………………… 54
口下手 …………………… 161
苦衷 ………………………… 46
口をとがらせる ………… 52
屈指 ……………………… 152
屈辱 ………………………… 79
屈託 ………………… 95, 103
ぐったり …………………… 64
食ってかかる …………… 50
ぐっと …………………… 132

くつろぐ ……………… 28
くどい ………………… 179
口説く ………………… 109
苦難 …………………… 46
苦にする …… 47, 94, 95
愚にも付かない …… 177
苦悩 …………………… 45
苦杯 …………………… 46
首ったけ ……………… 110
苦悶 ……………… 45, 95
くやしい［悔しい］… **54**
悔やむ ………………… 56
くよくよ ……………… 94
クライマックス ……… 31
苦楽 …………………… 44
ぐらぐら ……………… 91
ぐらつく ……………… 91
苦慮 ……………… 45, 95
苦しい ………………… **44**
苦し紛れ ……………… 88
苦しむ ……………… 45, 87
グレース ……………… 167
苦労 ……………… 46, 85
苦労する ………… 44, 82
玄人跣 ………………… 159
グロッキー …………… 65
グロテスク …………… 168
食わず嫌い …………… 143
群を抜く ……………… 152

け

形影相弔う …………… 60
慶賀 …………………… 149

慶祝 …………………… 149
景勝 …………………… 167
軽信 …………………… 118
傾倒 …………………… 135
激辛 …………………… 179
激情 …………………… 31
激怒 …………………… 50
毛嫌い ………………… 143
逆鱗に触れる ………… 51
けげん ………………… 171
気色ばむ ……………… 50
懸想 …………………… 110
けち …………………… 177
血気 …………………… 37
結構 …………………… 153
激昂 …………………… 51
傑作 …………………… 175
傑出 …………………… 154
血相を変える ………… 48
懸念 …………………… 141
嫌悪 …………………… 143
元気（だ）…………… **34**
堅固 …………………… 34
健康 …………………… 34
軒昂 …………………… 36
言語を絶する ………… 152
健在 …………………… 35
健勝 …………………… 35
健全 …………………… 34
倦怠 …………………… 103
倦怠感 ………………… 65
懸命 …………………… 84
絢爛 …………………… 167

こ

恋 ……………………… 108
濃い …………………… 179
恋敵 …………………… 112
濃口 …………………… 179
恋焦がれる …………… 109
恋心 …………………… 110
恋路 …………………… 110
恋しい ………… 110, 116
恋い慕う ……………… 109
恋する ………… **108**, 109
恋仲 …………………… 112
こいねがう …………… 122
こいねがわくは ……… 122
恋の病 ………………… 112
恋人 …………………… 112
恋煩い ………………… 112
好意 …………………… 106
幸運（だ）……… 24, 25
光栄 …………………… 131
好悪 …………………… 107
後悔（する）………… **56**
好感 …………………… 106
厚顔無恥 ……………… 78
好奇心 ………………… 113
号泣 …………………… 43
業苦 …………………… 46
豪語 ………… 66, 131
恍惚 …………………… 20
後顧の憂い …………… 141
巧者 …………………… 159
好手 …………………… 158
幸甚 ………… 24, 147

巧緻 159
高潮 30
好調 36
業突く張り 125
肯定（する） 120
こうばしい 179
業腹 49
幸福 24
幸福感 24
興奮 30
興奮のるつぼ 30
頭を回らす 116
巧妙 159
高揚（する） 30
強欲 125
荒涼 61
業を煮やす 98
声を呑む 70
小躍りする 14
ご海容ください 148
焦がれる 109
ご寛恕ください 148
ご機嫌 23, 155
ご機嫌斜め 53
小器用 159
小ぎれい 166
極上 152
極楽 20, 24
心地よい 20
心が躍る 30
心が弾む 30
心苦しい 47
心ここにあらず 135
心丈夫 27

心急く 97
心楽しい 18
心頼み 119
心強い 26, 27, 119
心に適う 107
心に響く 132
心にぽっかりと穴があ
 いたよう 60
心残り 55
心引かれる **113**
心細い 60
心待ちにする 126
心許ない 141
心行くまで 22
快い 20
心よりお祝い申し上げ
 ます 149
心を痛める 140
心を動かす 132
心を打つ 132
心を奪われる 108,
 114, 133, 134, 135
心を躍らせる 30
心を砕く 47
心をつかむ 132
心を捉える 132
心を揺さぶる 132
心を揺り動かす 132
心を寄せる 108
古今に絶する 152
小寂しい 61
誇示 32, 130
腰を抜かす 70
古拙 161

こそばゆい 76
誇大妄想 67
…応え 175
ごたごた 101
こちこち 80
刻苦 46, 85
滑稽 174
こつこつ 82
こってり 179
小っ恥ずかしい 75
小面憎い 144
孤独 60, 61
事無く 35
寿ぐ 149
小憎らしい 144
この上ない 152
好ましい 106
好み 106, 107
好む 106
小恥ずかしい 75
小鼻をうごめかす
 67, 130
小鼻を膨らませる 52
小腹が立つ 48
ごまめの歯ぎしり 54
困り入る 89
困り切る 87
困り抜く 87
困り果てる 87
困る **86**
コミカル 175
ごめん 148
ご宥恕ください 148
ご容赦ください 148

こらえる ……………… 121
娯楽 ……………………… 19
五里霧中 ………… 86, 92
怖い …………………… **137**
怖がる ………… 137, 138
こわごわ ……………… 137
こわばる ……………… 81
強面 …………………… 139
根限り ………………… 85
根気 …………………… 84
困却 …………………… 88
困窮 …………………… 89
困苦 ………………… 46, 89
恨事 …………………… 145
混迷（する）… 91, 93
昏迷 …………………… 93
懇望 …………………… 123
困惑 …………………… 89
根を詰める …………… 84

さ

最愛 …………………… 111
最悪 …………………… 157
最高 …………………… 152
幸先がいい …………… 25
最上 …………………… 152
最低 …………………… 157
最適 …………………… 155
最良 …………………… 152
幸い …………………… 24
サウダージ …………… 117
冴えない ……… 59, 177
冴える ………… 153, 158

逆恨み ………………… 145
逆撫で ………………… 51
索然 …………………… 176
索漠 …………………… 61
些細 …………………… 177
刺さる ………………… 133
差し支えない ……… 120
匙を投げる …………… 87
誘われる ……………… 113
嗟嘆 …………………… 42
早急 …………………… 96
さっぱり ……… 21, 179
殺風景 ………………… 61
里心 …………………… 117
さびしい［寂しい］… **60**
寂しがり屋 …………… 61
寂れる ………………… 61
瑣末 …………………… 177
さ迷う ………………… 91
寒気がする ………… 137
寒々 …………………… 61
さめざめ ……………… 43
爽やか（だ）………… 20
慚愧 ………………… 56, 77
サンキュー ………… 147
惨苦 …………………… 46
サンクス …………… 147
慚死 …………………… 77
山紫水明 …………… 167
賛成 ………… 115, 121
賛嘆 …………………… 133
賛同 ………………… 115
残念（だ）
……………… 54, 55, 156

散文的 ………………… 176
酸味 …………………… 179

し

幸せ（だ）…………… **24**
思案投げ首 …………… 95
思案に余る …………… 94
思案に暮れる ………… 94
自意識過剰 …………… 67
じーんと …………… 132
ジェラシー ………… 136
私怨 …………………… 145
しおからい［塩辛い］
……………… 178
塩気 …………………… 178
しおしお ……………… 57
しおらしい ………… 163
萎れる ………………… 58
四角張る ……………… 81
自画自賛 ……… 33, 67
しかたない［仕方ない］
……………… **90**
しかめっ面 …………… 52
叱る …………………… 49
時間潰し …………… 103
至急 …………………… 96
思郷 …………………… 117
しくしく ……………… 43
忸怩たる思い ……… 77
四苦八苦 ……………… 44
嗜好 …………………… 107
地獄で仏 ……………… 15
自己嫌悪 ……… 57, 59

自己満足 ······· 23, 67
支持 ······· 115, 121
至上 ······· 152
自信（がある）······· **32**
自信過剰 ······· 66
自信喪失 ······· 59
沈む ······· 58
姿勢を正す ······· 80
自責の念 ······· 56
自足 ······· 23
自尊心 ······· 33, 131
慕う ······· 109
舌触り ······· 178
舌鼓を打つ ······· 178
下回る ······· 157
慕わしい ······· 110, 116
舌を巻く ······· 70, 132
地団駄を踏む ······· 54
しち面倒 ······· 172
失意 ······· 58
しつこい ······· 179
嫉妬（する）······· 136
失望 ······· 58
失礼しました ······· 148
失恋 ······· 112
自得 ······· 32
淑やか ······· 167
しどろもどろ ······· 86
死に恥 ······· 78
死に物狂い ······· 82
自任 ······· 32
凌ぐ ······· 154
偲ぶ ······· 116
四百四病の外 ······· 112

しびれる［痺れる］
······· 108, 133
痺れを切らす ······· 98
自負 ······· 32
渋い ······· 179
至福 ······· 24
渋々 ······· 143
自負心 ······· 33, 131
渋る ······· 142, 143
思慕 ······· 110, 117
志望 ······· 122
始末に負えない ······· 86
自慢 ······· 32, 130
自慢げ ······· 130
滋味 ······· 178
しみ入る ······· 133
しみじみ ······· 113, 132
しみる ······· 115, 132, 133
しめやか ······· 61
耳目 ······· 113
耳目を驚かす ······· 73
シャイ ······· 78
謝意 ······· 147
謝恩 ······· 147
しゃかりき ······· 84
寂々 ······· 61
癪に障る ······· 49, 53
謝罪を伝える言葉
······· **148**
邪推 ······· 171
鯱張る ······· 81
遮二無二 ······· 85
娑婆気 ······· 125
邪恋 ······· 112

しゃんしゃん ······· 35
醜悪 ······· 168
醜怪 ······· 168
重苦 ······· 46
秋思 ······· 61
重視 ······· 129
ジューシー ······· 179
習熟 ······· 158
愁色 ······· 42
執心 ······· 111, 135
愁然 ······· 42
充足 ······· 22
醜態 ······· 168
愁嘆 ······· 42
羞恥 ······· 76
羞恥心 ······· 76
十八番 ······· 158
重要（だ）······· 128, 129
秀麗 ······· 165
祝意 ······· 149
宿怨 ······· 145
祝賀 ······· 149
宿願 ······· 123
祝辞 ······· 149
熟達 ······· 158
祝電 ······· 149
祝福 ······· 149
宿望 ······· 123
熟練 ······· 158
首肯 ······· 121
出色 ······· 154
趣味 ······· 107
寿命が縮む ······· 70
受容 ······· 121

需要 ……………… 127
しゅん ……………… 57
純愛 ……………… 111
逡巡 ……………… 92
情愛 ……………… 111
上機嫌 ……………… 23
憧憬 ……………… 114
衝撃 ……………… 71
衝撃的 ……………… 73
情事 ……………… 112
蕭々 ……………… 61
蕭条 ……………… 61
傷心 ……………… 62
焦心 ……………… 98
精進 ……………… 85
上手（だ） ……………… **158**
悄然 ……………… 59
蕭然 ……………… 61
焦燥 ……………… 98
承知 ……………… 120
掌中の珠 ……………… 129
上等 ……………… 152
承認 ……………… 120
焦眉の急 ……………… 97
丈夫 ……………… 34
賞味 ……………… 178
小欲 ……………… 125
私欲 ……………… 125
食指が動く …… 114, 125
食傷 ……………… 103
食指を動かす ……………… 136
嘱望 ……………… 126
嘱目 ……………… 126
しょげる ……………… 57

所在ない ……………… 103
食感 ……………… 178
ショッキング ……………… 73
背負ってる ……………… 66
しょっぱい ……………… 178
所望 …… 122, 124
しょんぼり ……………… 57
白ける ……………… 176
尻毛を抜かれる …… 74
尻こそばゆい …… 76
尻込み ……………… 92
じりじり ……………… 98
じれったい …… 96, 97
焦れる ……………… 97
ジレンマ ……………… 93
信 ……………… 118
親愛 ……………… 111
心外 …… 55, 72
震駭 ……………… 71
震撼 ……………… 139
辛気臭い …… 59, 173
呻吟 ……………… 45
辛酸 ……………… 46
信じ込む ……………… 118
深謝 …… 147, 148
寝食を忘れる … 84, 134
信じる ……………… 118
人事を尽くして天命を
　待つ ……………… 85
心酔 ……………… 135
心臓が止まるかと思う
　　……………… 70
心臓が早鐘を打つ … 30
進退維谷まる ……………… 88

信託 ……………… 118
心胆を寒からしめる
　　……………… 138
しんどい …… 44, 64
神に入る ……………… 158
信任 ……………… 118
心配（だ） ……………… **140**
シンパシー ……………… 115
神秘的 ……………… 171
信憑性 ……………… 119
信奉 ……………… 118
しんみり ……………… 61
深憂 ……………… 141
信用（する） ……………… **118**
信頼 ……………… 118
尽力 ……………… 85
心労 ……………… 65

す

酸い ……………… 179
随一 ……………… 152
スイートハート …… 112
衰運 ……………… 63
随喜 ……………… 17
垂涎の的 ……………… 124
吸い寄せられる …… 113
数奇 ……………… 63
末恐ろしい ……………… 138
すがすがしい ……………… 20
すかっと ……………… 21
すがりつく ……………… 119
すがる ……………… 119
好き ……………… **106**

好き嫌い ……………… 107
好き好む ……………… 106
好く …………………… 106
すくみ上がる ………… 139
すくむ ………………… 139
すぐれている ………… **152**
優れる ………… 152, 153
凄い …………………… 152
すごすご ………………… 57
健やか …………………… 34
すっきり（する）
…………… 20, 21, 179
すっと …………………… 21
すっぱい［酸っぱい］
…………………… 178, 179
素敵 ……………… 153, 162
捨て身 …………………… 85
ストイック …………… 125
拗ねる …………………… 53
ずば抜ける …………… 152
すばらしい［素晴らし
い］………………… **152**
スマート ……………… 167
すみません …………… 148
寸暇を惜しんで ……… 84

生硬 …………………… 161
清祥 ……………………… 35
せいせい ………………… 21
清楚 …………………… 166
青天の霹靂 ……………… 72
精妙 …………………… 159
精も根も尽き果てる
…………………………… 65
精力 ……………………… 36
精力的 …………………… 37
精を出す ………………… 84
せかせか ……………… 101
せがむ ………………… 124
積怨 …………………… 145
急き込む ………………… 97
席の暖まる暇もない
…………………………… 99
寂寞 ……………………… 61
赤面する ………………… 75
寂寥 ……………………… 61
急く ……………………… 97
背筋が凍る …………… 137
背筋が寒くなるよう
………………………… 137
せっかち ……………… 98
絶句 ……………………… 71
絶景 …………………… 167
絶好 …………………… 155
絶好調 …………………… 36
切実 …………………… 129
切歯扼腕 ………………… 54
絶勝 …………………… 167
雪辱 ……………………… 79
せっせと ………………… 82

拙速 …………………… 161
絶頂 ……………………… 31
切ない ……… 40, 60, 62
切羽詰まる ……………… 87
絶美 …………………… 165
切望 …………………… 122
絶望 ……………………… 58
絶妙（だ）…… 158, 159
拙劣 …………………… 161
背に腹は代えられない
…………………………… 90
是認 …………………… 120
是非ない ………………… 90
せびる ………………… 124
せわしい ……………… 99
せわしない …………… 99
為ん方ない ……………… 90
前後に暮れる ………… 86
前後に迷う …………… 86
繊細 ……………………… 62
専心 …………………… 134
全身全霊 ……………… 85
千辛万苦 ………………… 44
戦々恐々 ……………… 138
センチメンタル
…………………… 41, 63
詮ない …………………… 90
専売特許 ……………… 158
浅薄 …………………… 161
羨望 …………………… 136
戦慄 …………………… 138
全力 ……………………… 85
全力投球 ……………… 82
全力を傾ける ………… 82

精 ………………………… 36
性愛 …………………… 111
精一杯 …………………… 84
清栄 ……………………… 35
誓願 …………………… 123
精巧 …………………… 159

全力を注ぐ ……… 82
全力を尽くす ……… 82

そ

粗悪 ……… 156
躁 ……… 37
憎悪 ……… 144
爽快 ……… 20
壮快 ……… 20
想起 ……… 117
総毛立つ ……… 137
壮健 ……… 34
相好を崩す ……… 14
相思相愛 ……… 111
躁状態 ……… 31
錚々たる ……… 154
俗気 ……… 125
息災 ……… 34
ぞくぞく ……… 31
ぞくっと ……… 137
素材の味を生かした
……… 179
楚々 ……… 166
そそられる ……… 113
ぞっこん ……… 108
ぞっと ……… 137
そねむ ……… 136
粗末 ……… 156
空恐ろしい ……… 138
空頼み ……… 119
そろそろ ……… 102
そわそわ ……… 98, 126
存外 ……… 72

尊重 ……… 129

た

第一級 ……… 152
大儀 ……… 65
大嫌い ……… 142
退屈（だ）……… **103**, 176
醍醐味 ……… 175, 178
大事 ……… 128
大至急 ……… 96
大車輪 ……… 82
大丈夫 ……… 35
大好き ……… 106
大切（だ）……… **128**
大爆笑 ……… 174
他意はない ……… 148
タイプ ……… 107
待望 ……… 123
大望 ……… 123
大欲 ……… 125
耐え難い ……… 45
たおやか ……… 166
蛇蝎の如く ……… 143
高ぶる ……… 31
宝 ……… 128, 129
高笑い ……… 174
唾棄 ……… 143
多岐亡羊 ……… 92
類いない ……… 155
類い稀な ……… 155
卓越 ……… 154
卓抜 ……… 154
巧み ……… 158

長ける ……… 158
多事 ……… 100
多事多端 ……… 100
嗜む ……… 106
多謝 ……… 147, 148
多情 ……… 112
多端 ……… 100
立ちすくむ ……… 139
達者 ……… 34, 158
達人 ……… 158
立つ瀬がない ……… 79
たっての願い ……… 122
蓼食う虫も好き好き
……… 107
立て込む ……… 99, 101
多とする ……… 147
たどたどしい ……… 160
棚から牡丹餅 ……… 25
楽しい ……… **18**, 174
楽しみ（だ）……… 19, 126
楽しむ ……… 18
他の追随を許さない
……… 152
頼みの綱 ……… 118
頼む ……… 119
頼もしい ……… 27, 118, 119
旅の恥は掻き捨て ……… 79
タフ ……… 35
ダブルバインド ……… 89
多忙 ……… 100
たまげる ……… 71
たまらない ……… 20, 45
ため息をつく ……… 57
ためらう ……… 91, 92

多用 ⋯⋯⋯⋯⋯ 100
頼り ⋯⋯⋯⋯⋯ 119
頼る ⋯⋯⋯⋯ **118**, 119
だらける ⋯⋯⋯⋯ 103
だるい ⋯⋯⋯⋯⋯ 65
足るを知る ⋯⋯⋯ 23
足れりとする ⋯⋯ 23
だれる ⋯⋯⋯⋯⋯ 103
たわいない ⋯⋯⋯ 177
他を寄せ付けない ⋯ 152
胆汁のよう ⋯⋯⋯ 179
嘆ずる ⋯⋯⋯⋯⋯ 42
端整 ⋯⋯⋯⋯⋯ 166
嘆息 ⋯⋯⋯⋯⋯ 42
単調 ⋯⋯⋯⋯⋯ 176
断腸の思い ⋯⋯⋯ 40
耽溺 ⋯⋯⋯⋯⋯ 135
堪能 ⋯⋯⋯ 19, 22, 158
淡泊 ⋯⋯⋯⋯⋯ 179
淡麗 ⋯⋯⋯⋯⋯ 179
端麗 ⋯⋯⋯⋯⋯ 166

縮み上がる ⋯⋯⋯ 139
ちっぽけ ⋯⋯⋯⋯ 177
血腥い ⋯⋯⋯⋯⋯ 179
血の気が多い ⋯⋯ 37
血のにじむよう ⋯ 82
血迷う ⋯⋯⋯⋯⋯ 93
血道を上げる
⋯⋯⋯⋯⋯ 108, 135
血も凍るほど ⋯⋯ 137
チャーミング ⋯⋯ 164
ちゃち ⋯⋯⋯⋯⋯ 156
中辛 ⋯⋯⋯⋯⋯ 179
躊躇 ⋯⋯⋯⋯⋯ 92
中っ腹になる ⋯⋯ 48
中毒 ⋯⋯⋯⋯⋯ 135
美ら ⋯⋯⋯⋯⋯ 167
寵愛 ⋯⋯⋯⋯⋯ 111
調子がいい ⋯⋯⋯ 34
彫心鏤骨 ⋯⋯⋯⋯ 44
長嘆 ⋯⋯⋯⋯⋯ 42
朝露 ⋯⋯⋯⋯⋯ 59
チル ⋯⋯⋯⋯⋯ 29
血湧き肉躍る ⋯⋯ 30
陳謝 ⋯⋯⋯⋯⋯ 148
珍重 ⋯⋯⋯⋯⋯ 129
沈痛 ⋯⋯⋯⋯⋯ 41

痛快無比 ⋯⋯⋯⋯ 174
痛苦 ⋯⋯⋯⋯⋯ 46
痛恨 ⋯⋯⋯⋯⋯ 55
痛心 ⋯⋯⋯⋯⋯ 141
痛惜 ⋯⋯⋯⋯⋯ 55
痛嘆 ⋯⋯⋯⋯⋯ 42
杖とも柱とも頼む ⋯ 118
疲れ切る ⋯⋯⋯⋯ 64
疲れ果てる ⋯⋯⋯ 64
疲れる ⋯⋯⋯⋯ **64**
次ぐ ⋯⋯⋯⋯⋯ 157
尽くす ⋯⋯⋯⋯⋯ 83
拙い ⋯⋯⋯⋯⋯ 160
土臭い ⋯⋯⋯⋯⋯ 179
つつがなく ⋯⋯⋯ 35
謹んでお慶び申し上げ
ます ⋯⋯⋯⋯⋯ 149
謹んでご祝詞を申し上
げます ⋯⋯⋯⋯ 149
努める ⋯⋯⋯⋯⋯ 83
円らな ⋯⋯⋯⋯⋯ 163
つまらない ⋯⋯ **176**
つむじを曲げる ⋯ 52
艶やか ⋯⋯⋯⋯⋯ 167
つらい ⋯⋯⋯⋯⋯ 44
面憎い ⋯⋯⋯⋯⋯ 144
面汚し ⋯⋯⋯⋯⋯ 79
釣られる ⋯⋯⋯⋯ 114
つれづれ ⋯⋯⋯⋯ 103

ち

血が騒ぐ ⋯⋯⋯⋯ 31
力頼み ⋯⋯⋯⋯⋯ 119
力の限り ⋯⋯⋯⋯ 82
力を落とす ⋯⋯⋯ 57
力を尽くす ⋯⋯⋯ 82
力を振り絞る ⋯⋯ 82
遅疑 ⋯⋯⋯⋯⋯ 92
恥辱 ⋯⋯⋯⋯⋯ 79
稚拙 ⋯⋯⋯⋯⋯ 160
知足 ⋯⋯⋯⋯⋯ 23

つ

追憶 ⋯⋯⋯⋯ 116, 117
追懐 ⋯⋯⋯⋯⋯ 117
追想 ⋯⋯⋯⋯⋯ 117
ついてる ⋯⋯⋯⋯ 25
痛快 ⋯⋯⋯⋯ 21, 174

て

啼泣 ⋯⋯⋯⋯⋯ 43
涕泣 ⋯⋯⋯⋯⋯ 43

低劣 ……… 157
デート ……… 108, 112
手が掛かる ……… 173
手が付けられない … 86
手が塞がる ……… 101
手が回らない ……… 101
溺愛 ……… 111
敵意 ……… 144
敵愾心 ……… 144
手綺麗 ……… 159
テクニシャン ……… 158
てこずる ……… 88
手隙 ……… 102
手練れ ……… 158
手詰まり ……… 86
手に汗を握る ……… 30
手に余る ……… 86
手に負えない ……… 86
手の打ちようがない
……… 86
手の施しようがない
……… 86
手の舞い足の踏むとこ
ろを知らない ……… 14
手前味噌 ……… 66
手間が掛かる ……… 173
手も足も出ない ……… 86
手持ち無沙汰 ……… 103
照れ隠し ……… 76
照れ臭い ……… 76
でれでれ ……… 108
照れ屋 ……… 78
照れる ……… **75**, 76
手を叩く ……… 14

手をとりあう ……… 14
手を焼く ……… 86
天下一品 ……… 155
天狗 ……… 67
テンションが上がる
……… 31
てんてこ舞い ……… 100
天にも昇る心地 ……… 15
テンパる ……… 98
てんやわんや ……… 99

と

同意 ……… 115
同感 ……… 114
慟哭 ……… 43
東西を失う ……… 89
同情（する）… 115, 169
陶酔 ……… 135
同調 ……… 115
動転 ……… 71, 97
尊い ……… 128
尊ぶ ……… 129
東奔西走 ……… 101
瞠目 ……… 71
当惑 ……… 89
どきっと ……… 70
どきどき ……… 75, 80, 126
ときめく ……… 31, 114
度肝を抜かれる ……… 74
得意（だ）
……… 32, 130, 158, 159
得意げ ……… 130
得意になる ……… 32

得々 ……… 33, 130
徳とする ……… 147
とさかに来る ……… 51
塗炭の苦しみ ……… 46
毒気を抜かれる ……… 72
どっちつかず ……… 93
取って置き ……… 128
トップ ……… 152
どの面下げて ……… 79
怒髪冠を衝く ……… 51
飛び上がる ……… 14
跳び上がる ……… 74
飛び上がるほど ……… 14
飛びつきたいほど … 14
飛び回る ……… 101
途方に暮れる …… 86, 92
とまどう …… 86, 88
ドライ ……… 179
トラウマ ……… 62
取らぬたぬきの皮算用
……… 126
虎の子 ……… 129
虜 ……… 135
取り込む ……… 101
取り憑かれる ……… 114
鳥肌が立つ
……… 132, 137, 152
取り乱す ……… 42
努力（する）……… 82
取るに足りない ……… 176
取るものも取り敢えず
……… 96
泥臭い ……… 179
泥沼にはまる ……… 89

貪欲 125

な

ナイーブ 62
ナイス 155
名折れ 79
泣かされる 46, 88
泣き明かす 43
泣き暮らす 43
泣きつく 119
泣き面に蜂 62, 86
泣く 40, 42
泣く子も黙る 139
慰める 18
泣くに泣けない 55
嘆かわしい 42
嘆く 40, 41
泣ける 133
和やか 28
名残惜しい 55
情けない 59, 156
為す術がない 90
謎めいた 170
なつかしい［懐かしい］
116
懐かしむ 116
なびく 114
なまぐさい 179
生唾を飲み込む 124
涙する 42
涙に暮れる 43
涙を浮かべる 14
並外れる 152

悩まされる 88
悩ましい 95
悩む **94**
なりふり構わず 84
ナルシスト 67
成ろうことなら 122
難儀 46, 88
難行苦行 44
難渋 46, 88
ナンセンス 177
ナンバーワン 152

に

ニーズ 127
煮え切らない 93
煮え湯を飲まされる
54
匂やか 167
苦い 178, 179
苦い思いをする 47
苦手（だ） 160, 161
苦々しい 51, 53
苦味 179
苦虫を嚙み潰したよう
53
苦り切る 53
憎い **144**
憎しみ 144
憎たらしい 144
憎体 144
憎々しい 144
憎まれ口 144
憎む 144

憎めない 163
憎らしい 144
二進も三進もいかない
86
二の足を踏む 92
二の句が継げない 74
ニヒル 59
…に免じて 121
任ずる 32

ぬ

糠喜び 17
抜きん出る 152
ぬくぬく 26

ね

願う **122**
願ったり叶ったり 146
願ってもない 155
願わくは 122
願わくば 122
寝苦しい 47
猫かわいがり 164
猫の手も借りたい 99
妬ましい 136
妬む 136
ねだる 124
熱愛 111
熱狂 31
ネック 89
熱中 134
熱に浮かされたよう

……	134
熱望	123
熱を上げる	134
熱を入れる	82
根に持つ	145
粘る	83
寝耳に水	70
年賀	149
念願	123
年季が入る	158
念じる	122

の

濃厚	179
嚢中の錐	154
能天気	29
のうのう	26
悩乱	95
残り惜しい	55
ノスタルジア	117
望む	122
望むらくは	122
のたうち回る	45
のどか	29
喉が鳴る	125
喉から手が出るほど	124
喉越し	178
伸びる	65
のぼせる	66, 135
のめり込む	110, 134
乗る	30
のろける	131

のんき	29, 102
のんびり	29, 102
のんべんだらり	102

は

ハートブレイク	63
ハイ	37
ハイエナ	125
拝謝	146
ハイタッチ	17
バイタリティー	37
ハイになる	31
配慮	140
栄えある	131
はかない	59
はかなむ	59
馬鹿馬鹿しい	177
歯噛み	54
歯痒い	98
覇気	37
歯ぎしり	54
拍車を掛ける	98
爆笑	174
白眉	154
励む	82, 83
歯応え	178
歯触り	178
恥	78
恥じ入る	76
恥曝し	79
恥知らず	79
はしたない	168
馬車馬のごとく	99

恥じらい	76
恥じらう	75, 76
走り回る	101
恥じる	75
恥を知る	76
恥ずかしい	75
恥ずかしがり屋	78
恥ずかしげもなく	79
辱め	79
辱める	79
裸の王様	67
ばたばた	99
働きアリのよう	99
ばつが悪い	77
抜群	152
初恋	111
薄幸	63
はっと	70
ぱっとしない	177
ハッピー	25
発奮	83
はつらつ	36
ばてる	65
鳩が豆鉄砲を食ったよう	70
鼻が高い	33, 130
鼻高々	33, 130
鼻に掛ける	67, 130
鼻に付く	173, 179
鼻持ちならない	173
華やか	165, 167
鼻を高くする	67
鼻を刺す	179
鼻を突く	179

はにかみ ……………… 76
はにかむ ……………… 76
パニクる ……………… 98
パニック ……………… 98
歯の抜けたよう ……… 60
はまる ……………… 107, 135
逸る …………………… 97
腹が立つ ……………… **48**
ハラスメント ………… 63
腹立たしい …………… 49
腹に据えかねる ……… 50
腹の皮がよじれる … 174
腹の虫が収まらない
………………………… 50
はらはら ………… 43, 140
はらわたが千切れる
………………………… 40
はらわたが煮えくり返
る ……………………… 50
はらわたを断つ ……… 40
腹を抱える ………… 174
腹を立てる …………… 49
張り切る …………… 82, 83
張り詰める …………… 81
晴れがましい … 130, 131
晴れの ……………… 131
晴れ晴れ ……………… 21
晴れ舞台 …………… 131
晴れやか（だ）… 20, 21
破廉恥 ………………… 79
反感 ………………… 144
万策尽きる …………… 87
煩雑 ………………… 173
繁雑 ………………… 173

万謝 ………………… 147
煩多 ………………… 173
繁多 ……………… 100, 173
半人前 ……………… 160
繁忙 ………………… 100
煩悶 …………………… 45, 95
繁用 ………………… 100

美 …………………… 165
悲哀 …………………… 41
贔屓 ……………… 106, 107
ピース ………………… 17
秀でる ……………… 154
ひいひい ………… 44, 86
びいびい ……………… 43
非運 …………………… 63
悲運 …………………… 63
火が消えたよう ……… 60
引かれる …………… 113
悲願 ………………… 123
引き込まれる ……… 113
びくつく …………… 139
びくっと ……………… 70
びくびく …………… 137
ひけらかす ……… 32, 67
非才 ………………… 161
膝が笑う ……………… 64
膝を崩す ……………… 28
膝を正す ……………… 80
ひしひし …………… 113
悲愁 …………………… 41
卑小 ………………… 177

美辞麗句 …………… 166
悲壮 …………………… 41
悲愴 …………………… 41
額に皺を寄せる ……… 95
ひたむき ……………… 84
左団扇 ………………… 29
悲嘆 …………………… 40
悲痛 …………………… 41
びっくり ……………… 71
必携 ………………… 127
必見 ………………… 127
必死 …………………… 84
必須 ………………… 127
必要（だ）………… **127**
一泡吹かせる ………… 73
一安心 ………………… 26
ひどい ……………… 156
一息つく ……………… 26
一苦労 ………………… 46
人恋しい ……………… 60
人心地がつく ………… 27
人頼み ……………… 119
人疲れ ………………… 65
人懐かしい ………… 116
一踏ん張り …………… 83
人見知り ……………… 78
一目惚れ …………… 109
独り寝 ………………… 61
ひとりぼっち ………… 61
ひねり ……………… 175
非の打ち所がない
………………………… 154
檜舞台 ……………… 131
火の車 ………………… 89

日の目を見ない ……… 63
びびる ……… 139
悲憤慷慨 ……… 51
美貌 ……… 165
非凡 ……… 154
暇（だ）……… 103
暇潰し ……… 103
美味 ……… 178
美妙 ……… 166
ビミョー ……… 157
眉目秀麗 ……… 165
冷や汗もの ……… 78
冷や汗をかく ……… 137
冷や冷や ……… 137, 140
ビューティフル ……… 167
ひょうきん ……… 175
ひょんな ……… 72
ぴり辛 ……… 179
ぴりぴり ……… 80
比類ない ……… 155
ひるむ ……… 139
美麗 ……… 167
悲恋 ……… 111
拾い物 ……… 25
疲労 ……… 64
疲労困憊 ……… 64
貧窮 ……… 89
貧弱 ……… 156
ぴんぴん ……… 35
貧乏くじを引く ……… 62
敏腕 ……… 159

ふ

ファイト ……… 85
ファニー ……… 175
ぷいっと ……… 48
風光明媚 ……… 167
ふうふう ……… 44
風味 ……… 178
不運 ……… 63
不得手 ……… 161
不快 ……… 53
不可解 ……… 170
不可欠 ……… 127
不格好 ……… 168
不機嫌 ……… 53
不気味 ……… 138, 170
不器用 ……… 161
不遇 ……… 63
膨れっ面 ……… 52
膨れる ……… 52
ふける ……… 134
不幸 ……… 63
不細工 ……… 168
塞ぐ ……… 58
無様 ……… 168
無事（だ）……… 34, 35
不幸せ（だ）……… 62, 63
不思議（だ）……… 170
不十分（だ）… 156, 157
不承不承 ……… 143
侮辱 ……… 79
腐心 ……… 47, 85, 95
無粋 ……… 177
不世出 ……… 155

憮然 ……… 53
不足 ……… 157
不調法 ……… 161
吹っ切れる ……… 21
ぶったまげる ……… 74
仏頂面 ……… 52
不束 ……… 161
不出来 ……… 156
不得意 ……… 161
不慣れ ……… 161
不如意 ……… 88
不憫 ……… 169
不服 ……… 52
不平 ……… 52
不満（だ）……… **52**
不名誉 ……… 77
不面目 ……… 77
不愉快（だ）… **52**, 53
不用 ……… 127
不要（だ）……… **127**
プライド ……… 33, 131
ふらつく ……… 91
ブラック ……… 157
プラトニックラブ … 112
ふらふら ……… 64, 91
振り返る ……… 117
プリティー ……… 164
ぷりぷり ……… 48
無聊 ……… 103
不慮の ……… 72
奮い立つ ……… 83
ブルー ……… 59
フルーティ ……… 179
震え上がる ……… 138

さくいん

ふ

ぷるぷる ……………… 137
プレシャス ……………… 128
憤慨 ……………… 51
奮起 ……………… 83
分刻み ……………… 100
憤激 ……………… 51
粉骨砕身 ……………… 85
踏んだり蹴ったり
……………… 62, 86
憤怒 ……………… 51
ぷんと ……………… 48
奮闘 ……………… 85
踏ん張る ……………… 83
噴飯 ……………… 157
分秒を争う ……………… 96
ぷんぷん ……………… 48
憤懣やる方ない ……………… 50

下手くそ ……………… 161
へたばる ……………… 65
べた惚れ ……………… 110
へたり込む ……………… 65
へたる ……………… 65
屁っ放り腰 ……………… 139
へっぽこ ……………… 161
へとへと ……………… 64
へどもど ……………… 86
へばる ……………… 65
へぼ ……………… 161
偏愛 ……………… 111
勉励 ……………… 85

頬を紅潮させる ……………… 75
頬を染める ……………… 75
頬を膨らませる ……………… 52
ぽかんと ……………… 74
ほくほく ……………… 15
誇らか ……………… 130
誇らしい ……………… **130**
誇らしげ ……………… 130
誇り ……………… 131
誇る ……………… 32, 130
欲しい ……………… **124**
星回りがいい ……………… 25
星回りが悪い ……………… 63
慕情 ……………… 110
ほぞを噛む ……………… 56
ぼちぼち ……………… 102
没我 ……………… 134
欲する ……………… 124
没頭（する） ……………… **134**
ほっとする ……………… 26
没入 ……………… 134
ぽつねんと ……………… 61
ほっぺたが落ちる … 178
ぼつぼつ ……………… 102
ぽつりと ……………… 61
ぽつんと ……………… 61
ほどける ……………… 28
骨が折れる ……………… 47
骨だ ……………… 47
骨身を削る ……………… 47
骨を折る ……………… 85
ほの字 ……………… 110
微笑ましい ……………… 163
惚れ込む ……………… 110

■ほ

歩一歩 ……………… 102
法悦 ……………… 16
忘我 ……………… 31, 135
望外 ……………… 72
望郷 ……………… 117
忙殺される ……………… 100
報謝 ……………… 147
芳醇 ……………… 179
放心 ……………… 74
呆然 ……………… 73
茫然自失 ……………… 74
忙中 ……………… 101
抱負 ……………… 123
抱腹絶倒 ……………… 174
芳烈 ……………… 179
吠え面をかく ……………… 54
ホームシック …… 61, 117
頬を赤らめる ……………… 75

■へ

平安 ……………… 37
平穏 ……………… 35
平気 ……………… 35
閉口 ……………… 88
平凡 ……………… 176
ペーソス ……………… 41
辟易 ……………… 88
へこたれる ……………… 59
へこむ ……………… 57
ベスト ……………… 152
臍が茶を沸かす …… 175
臍が宿替えする …… 175
臍を曲げる ……………… 52
下手（だ） ……………… **160**

惚れっぽい ……………… 112
惚れ抜く ………………… 110
惚れる …………………… 109
ほろ苦い ………………… 179
ほろほろ ………………… 43
ぽろぽろ ………………… 43
本懐 ……………………… 123
本腰を入れる …………… 82
奔走 ……………………… 101
本調子 …………………… 36
盆と正月が一緒に来た
　よう ……………… 15, 99
本命 ……………………… 112
本望 ………………… 22, 123
ぼんやり ………………… 161

ま

麻辣 ……………………… 179
舞い上がる ……………… 15
マイペース ……………… 102
まいる ………… 59, 87, 109
マイルド ………………… 179
禍々しい ………………… 138
間が悪い ………………… 77
枕を高くする …………… 27
負け惜しみ ……………… 55
負ける …………………… 157
まごつく ………………… 89
まごまご ………… 86, 161
まさか …………………… 74
勝る ……………………… 153
まずい ………… 160, 178
マスト …………………… 129

まだるっこい …………… 98
待ち望む ………… 123, 126
真っ赤になる …………… 75
待ったなし ……………… 96
まったり ………… 29, 179
まっぴら ………………… 143
まっぴらごめん ………… 143
惑う ……………………… 93
真に受ける ……………… 118
まめ ……………………… 34
守る ……………………… 129
眉唾物 …………………… 171
眉を上げる ……………… 48
眉をひそめる …… 53, 95
眉を開く ………………… 27
迷う ……………………… **91**
まろやか ………………… 179
満悦 ………………… 16, 22
満喫 ……………………… 18
満更でもない …………… 17
慢心 ……………………… 66
満足（だ） ……………… **22**
満面朱を注ぐ …… 51, 75
満面の笑みを浮かべる
　……………………… 14

み

魅入られる ……………… 113
見劣り …………………… 157
味覚 ……………………… 178
右に出る者がない …… 152
見苦しい ………… 47, 168
見事 ………………… 153, 158

見込む …………………… 126
未熟 ……………………… 160
水際立つ ………………… 152
見過ごす ………………… 121
水っぽい ………… 178, 179
ミステリアス …………… 171
水に流す ………………… 121
水の滴るよう …………… 165
見すぼらしい …………… 168
見せ付ける ……………… 130
見せびらかす …………… 67
見初める ………………… 109
満ち足りている ………… 22
満ち足りる ……………… 22
三日坊主 ………………… 103
みっともない …………… 168
認める ………………… **120**
身に余る ………………… 146
みにくい［醜い］ … **168**
身につまされる ………… 115
身の置き所がない …… 75
見逃す …………………… 121
身の毛もよだつ ………… 137
身震いする ……………… 137
耳苦しい ………………… 47
耳障り …………………… 173
耳を疑う ………………… 70
見目麗しい ……………… 165
見目良い ………………… 165
身も心もとろける … 108
身悶えする ……………… 45
雅び …………………… 166
雅びやか ………………… 166
妙 ……………………… 170

冥加 ································· 25
冥加に余る ···················· 25
冥加に尽きる ················ 25
妙手 ····························· 158
妙味 ····························· 175
冥利 ····························· 24
冥利に尽きる ······· 17, 24
魅了される ·················· 133
魅力 ····························· 114
魅力的 ························· 162
未練 ······························ 55
魅惑 ····························· 114
身を入れる ··················· 82
身を切られる ················ 45
身を焦がす ················· 108
身を粉にする ················ 82

む

昔懐かしい ·················· 116
むかつく ················ 51, 53
むかっと ······················ 48
向かっ腹を立てる ······ 48
むかむか ······················ 52
無我夢中 ······················ 135
むきになる ··················· 48
無気力 ·························· 59
むくれる ······················ 52
貪る ····························· 124
虫が好かない ············· 142
虫酸が走る ················· 143
虫の居所が悪い ········· 53
むしゃくしゃ ··············· 52
武者震い ······················ 31

無上 ····························· 152
無常 ······························ 59
むせぶ ·························· 42
無恥 ······························ 78
夢中（だ）········ 110, **134**
むっとする ··················· 48
胸苦しい ······················ 47
胸騒ぎ ························· 141
むなしい ················ **57**, 59
無二 ····························· 128
胸が熱くなる ············· 132
胸がいっぱいになる
······································ 132
胸が躍る ············· 30, 126
胸が締め付けられる
······································ 40
胸が空く ······················ 21
胸が高鳴る ········· 30, 126
胸がつかえる ········ 40, 62
胸が潰れる ··················· 40
胸が弾む ······················ 30
胸が張り裂けそう ······ 40
胸が膨らむ ··················· 30
胸が塞がる ··········· 40, 62
胸が悪い ······················ 53
胸に応える ················· 132
胸に迫る ····················· 132
胸に響く ····················· 132
胸のつかえがおりる ·· 26
胸を痛める ················· 140
胸を打つ ····················· 132
胸を躍らせる ··············· 30
胸をかきむしられる · 40
胸を焦がす ················· 108

胸を突かれる ··············· 71
胸をなで下ろす ··········· 26
胸を張る ······················ 33
胸を膨らませる ········· 126
無念 ······························ 55
無味 ····························· 178
無味乾燥 ····················· 176
無用 ····························· 127
無欲 ····························· 125
無理 ······························ 44
無力感 ·························· 59

め

名手 ····························· 158
迷情 ······························ 93
名人 ····························· 158
迷走 ······························ 93
明媚 ····························· 167
明眸皓歯 ····················· 165
迷妄 ······························ 93
名誉 ····················· 130, 131
滅入る ··················· 57, 58
目が眩む ······················ 93
目頭が熱くなる ··········· 14
目が点になる ··············· 70
目がない ····················· 106
眼鏡に適う ················· 107
目が回る ······················ 99
目くじらを立てる ······ 51
めげる ·························· 57
目覚ましい ················· 153
目障り ························· 173
目尻を下げる ··············· 14

めそめそ ———— 43
目玉が飛び出るほど
———— 70
めでたい ———— 149
目の色を変える ———— 48
目の敵にする ———— 144
目の覚めるよう ———— 152
目の前が暗くなる ———— 57
目まぐるしい ———— 100
めろめろ ———— 108
目を疑う ———— 70
目を輝かせる ———— 14
目を掛ける ———— 107
目を白黒させる ———— 70
目を瞑る ———— 121
目を細くする ———— 14
目を丸くする ———— 70
目を見張る ———— 70
目を剥く ———— 48
面食らう ———— 72
めんこい ———— 164
面倒（だ） ———— **172**
面倒臭い ———— 172
面目次第もない ———— 77
面目ない ———— 77
面妖 ———— 170

も

儲け物 ———— 25
申し分ない ———— 22, 154
申し訳ありません ———— 148
盲信 ———— 118
燃える ———— 31

もがく ———— 45
黙認 ———— 121
もじもじ ———— 75
悶える ———— 45, 95
もたもた ———— 161
黙過 ———— 121
物怪の幸い ———— 25
もったいない ———— 146
以て瞑すべし ———— 23
持て余す ———— 86, 88
もどかしい ———— 97
求める ———— 124
物憂い ———— 58
物悲しい ———— 40
物寂しい ———— 60
物好き ———— 107
物足りない ———— 156, 157
物懐かしい ———— 116
盛り上がる ———— **30**
門前雀羅を張る ———— 60
悶々 ———— 94

や

やきもき ———— 98, 140
焼き餅 ———— 136
妬く ———— 136
やけっ腹になる ———— 48
優しい ———— 166
安らか ———— 26
安らぐ ———— 28
安んじる ———— 23, 26
八つ当たり ———— 50
厄介 ———— 172

厄介になる ———— 119
やっかむ ———— 136
やばい ———— 155
野暮 ———— 176, 177
野望 ———— 123
病膏肓に入る ———— 135
やましい ———— 56
山場 ———— 31
病み付き ———— 135
闇夜の提灯 ———— 16
止むない ———— 90
止むを得ない ———— 90
矢も盾もたまらない ———— 98
ややこしい ———— 172
やりきれない ———— 58
やれやれ ———— 26
夜郎自大 ———— 67

ゆ

唯一無二 ———— 128
唯我独尊 ———— 67
憂鬱 ———— 173
優越 ———— 154
優越感 ———— 131
優雅 ———— 165, 166
有閑 ———— 103
憂患 ———— 141
憂愁 ———— 41
優秀 ———— 152
優柔不断 ———— 91, 93
宥恕 ———— 121
憂色 ———— 141
優美 ———— 166

ユーモア ……………… 175
ユーモラス …………… 175
憂悶 …………………… 95
憂慮 …………………… 141
優良 …………………… 152
愉悦 …………………… 17
愉快（だ） ……… 18, 174
床しい ………………… 116
ゆっくり（やる）…… 102
ゆったり ………… 29, 102
指折り ………………… 152
指折り数える ………… 126
指をくわえる ………… 136
愉楽 …………………… 19
許す ………… **120**, 121
ゆるゆる ………… 29, 102

よ

良い …………………… 152
酔う …………………… 133
妖艶 …………………… 167
容赦 …………………… 121
用済み ………………… 127
要する ………………… 127
容認 …………………… 120
要望 …………………… 122
揚々 …………………… 130
世が世なら …………… 63
余儀ない ……………… 90
佳き日 ………………… 149
欲 ………… 124, 125
欲得尽く ……………… 125
欲の皮が突っ張る … 124

欲の皮が張る ……… 124
欲張る ………………… 124
欲深 …………………… 125
欲望 ………… 124, 125
欲をかく ……………… 124
横恋慕 ………………… 111
良しとする … 23, 120
由ない ………… 90, 177
予想外 ………………… 72
よだれが出る ………… 124
よだれを垂らす …… 136
欲求 …………………… 125
夜の目も寝ず ……… 82
よもや ………………… 74
余裕 …………………… 102
余裕がない …………… 100
よよ …………………… 43
拠り所 ………………… 119
縒りを戻す …………… 112
寄る辺（ない）
………… 61, 119
喜ばしい ……… 15, 149
喜び勇む ……………… 15
喜ぶ ………… 14, 15
よろしい ……………… 121
酔わされそう ……… 108
弱り切る ……………… 87
弱り果てる …………… 87
弱り目に祟り目 … 62, 86
弱る …………………… 87
拠ん所ない …………… 90

ら

ライク ………………… 107
楽 ………… 20, 29
落胆 …………………… 58
楽ちん ………………… 29
落莫 …………………… 61
落涙 …………………… 43
埒もない ……………… 177
落花流水 ……………… 108
ラッキー ……………… 25
辣腕 …………………… 159
ラフ …………………… 29
ラブ …………………… 112
ラブアフェア ……… 112
ラブリー ……………… 164
ランデブー …………… 112

り

リクエスト …………… 123
理想的 ………………… 155
慄然 …………………… 139
立派 …………………… 153
立腹 …………………… 49
リフレッシュ ……… 21
溜飲が下がる ……… 21
粒々辛苦 ……………… 44
流麗 …………………… 165
両思い ………………… 111
凌駕 …………………… 154
諒恕 …………………… 121
陵辱 …………………… 79
寥々 …………………… 61

慮外 ———————— 72
利欲 ———————— 125
リラックスする ——— **28**
恪気 ———————— 136

る

ルサンチマン ——— 145

れ

冷汗三斗 ———————— 78
劣悪 ———————— 156
劣化 ———————— 156
烈火の如く ———————— 48
劣等感 ———————— 59, 157
レトロ ———————— 117
恋愛 ———————— 109
連帯 ———————— 115
廉恥 ———————— 76
恋着 ———————— 110
憐憫 ———————— 169
恋慕 ———————— 110
恋々 ———————— 111

ろ

労苦 ———————— 47
老醜 ———————— 168
老熟 ———————— 158
老成 ———————— 158
齢長けた ———————— 166
狼狽 ———————— 89, 97
老練 ———————— 158

碌でもない ———————— 177
路頭に迷う ———————— 89
ロマンス ———————— 112
ロンリー ———————— 61
ロンリネス ———————— 61

わ

ワースト ———————— 157
分かる ———————— 114
沸き返る ———————— 31
沸き立つ ———————— 31
脇目も振らず ——— 82, 134
惑溺 ———————— 135
惑乱 ———————— 93
わくわく（する）
———————— 18, 31, 126
煩う ———————— 94
煩わしい ———————— 172
綿のように疲れる ——— 64
わななく ———————— 138
わなわな ———————— 137
侘しい ———————— 60
笑いが止まらない ——— 14
笑い種 ———————— 175
笑いこける ———————— 174
笑い転げる ———————— 174
笑い話 ———————— 175
笑える ———————— 175
笑わせる ———————— 175
悪い ———————— **156**
悪い気はしない ——— 17
悪かった ———————— 148
悪気はない ———————— 148

我褒め ———————— 67
我を忘れる ———————— 134
ワンダフル ———————— 155

2022 年 12 月 20 日　　初版発行

気持ちを描く　ことば探し辞典

2022 年 12 月 20 日　　第 1 刷発行

編　者　　三省堂編修所
発行者　　株式会社 三省堂　代表者 瀧本多加志
印刷者　　三省堂印刷株式会社
発行所　　株式会社 三省堂
　　　　　〒 102-8371
　　　　　東京都千代田区麹町五丁目 7 番地 2
　　　　　電話（03）3230-9411
　　　　　https://www.sanseido.co.jp/

〈気持ちことば探し辞典・208pp.〉

落丁本・乱丁本はお取り替えいたします。

ISBN978-4-385-13970-8

本書の内容に関するお問い合わせは、弊社ホームページの「お問
い合わせ」フォーム（https://www.sanseido-publ.co.jp/support/）
にて承ります。